L'ESTHÉTIQUE

DE LA RUE

GUSTAVE KAHN

L'ESTHÉTIQUE DE LA RUE

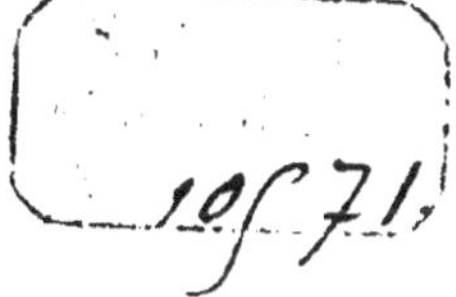

PARIS

BIBLIOTHÈQUE-CHARPENTIER

EUGÈNE FASQUELLE, ÉDITEUR

11, RUE DE GRENELLE, 11

1901

L'ESTHÉTIQUE DE LA RUE

PREMIÈRE PARTIE

CHAPITRE PREMIER

LA RUE MORTE. — POMPÉI

L'auteur d'un conte vraiment fantastique aurait seul le droit de vous dire : Je commence : les choses se passent sous les premiers Césars romains. Vous ne verrez pas dans ma fiction passer l'Auguste sur son char de gloire, précédé de licteurs et de la majesté du peuple romain, cela serait banal, vous m'accuseriez de vous servir la moelle imagée des phrases d'un Tacite ou d'un Suétone. Je veux moins et plus, je veux réussir à quelque chose de moins éclatant mais plus difficile. Je vais vous dire la vie exacte d'un certain Arrius Diomedes, qui fut un affranchi, un bourgeois de la bourgeoisie moyenne; je choisis un Durand entre tous les Durand, entre les nombreux Durand de l'époque impériale Romaine, et je me propose de vous narrer par le menu sa vie, son mobilier, et qu'il avait près de son seuil un beau chien figuré en mosaïque; et si vous taxez ma prétention de vous raconter un infiniment petit, d'outrecuidante, car il est bien plus difficile de déterminer la petite lueur que le phare énorme, le modeste rentier que le tumultueux Néron, d'étudier le protozoaire que de colliger les légendes sur le lion, l'écrivain ajoutera, pour que vous ne doutiez pas de sa véracité : je vous donnerai comme preuve les tablettes de compte du banquier Jucundus qui vécut en ce temps, je vous montrerai son buste, vous verrez qu'il avait la face commune, le nez court et gros, les oreilles très écartées l'aspect de bêtise matoise d'un Turcaret (1) et

(1) Voir *Pompéi*, le remarquable ouvrage de M. Gusman, p. 244. Le livre de M. Gusman, orné d'excellentes

je vais vous montrer les petits dessins et
gentes devises que les polissons du temps
écrivaient sur les murs, d'une pointe au
lieu de crayon, ou de charbon ainsi que Po-
lyte ou Natole sont accoutumés de faire sur
les murs de notre Paris.

Cette prétention extraordinaire du conteur
fantastique, le temps l'a remplie si exactement que Théophile Gautier dans son *Arria
Marcella,* n'a eu qu'à supposer dans le décor
réel de Pompéi une hallucination d'un de
ses personnages, à la suite d'une visite au
Musée de Naples où se trouvent les dépouilles
de Pompéi et d'une promenade dans la ville,
pour nous donner toute claire et toute lumineuse la vie de la ville campanienne depuis
l'arrivée des laitiers de la campagne, jusqu'à
l'issue de la représentation théâtrale où l'on
donnait la *Casina* de Plaute, une pièce très
couleur locale.

Théophile Gautier, qui était un merveilleux
écrivain et un remarquable critique d'art, ac-
cepte Pompéi avec joie et simplicité comme une

reproductions est le plus nourri, le plus complet et le plus
succinct des guides dans la ville exhumée.

aubaine. Pompéi existe, il le traduit. On pourrait remarquer chez les autres personnes qui se sont occupées de la ville ressuscitée, particulièrement chez ceux qui ont accompli la besogne scientifique de relever les graffites, de traiter des décorations murales et des architectures, une certaine précaution oratoire à parler de l'art de Pompéi. Ils semblent tous s'excuser de modeler un si important sujet, la reconstitution de la vie antique sur le vu d'une aussi petite ville, d'une cité d'à peine trente mille habitants, d'une ville de province. Et voici justement si l'on y pense bien, une des réflexions qui rendent Pompéi des plus intéressant; c'est une ville ordinaire comme il s'en pouvait trouver dans toute l'Italie; elle nous montre la petite cité courante que les Romains bâtissaient partout, ou rectifiaient partout, en nuançant leur goût latin d'un peu d'hellénisme. Elle nous donne la vérité générale tandis que Rome ne nous donnait que la vérité exceptionnelle. C'est la sous-préfecture à peu de distance d'une plage très élégante qui nous est montrée avec toutes les notions sur la vie générale, régulière, admises par la masse des contemporains, que livrerait, sur notre temps, à nos arrière-neveux, l'étude d'une jolie cité provinciale, s'il se produisait dans un coin de France, dans le Calvados ou la Manche, une analogue catastrophe.

Par des portes à cintre large attenantes à des murailles où les premiers dessinateurs de Pompéi, Mazois par exemple, ont toujours souci de mettre à brouter une chèvre, on entre dans des rues d'une largeur variant de quatre à sept mètres, entre deux hauts trottoirs. La ville a perdu ses toits, ses plafonds, tout ce qui était bois dans la construction et sans doute ont disparu beaucoup de ces balcons couverts, les *mœniana* pareils aux moucharabys des Arabes d'où les belles Romaines regardaient les passants aller et venir, à moins que ces balcons n'eussent été les orifices vers l'air respirable des familles pauvres habitant les chambres hautes des maisons. Entre les trottoirs encaissés, où dit-on la pluie venait parfois former des torrents, des lignes de pierres transversales permettaient au passant de gagner d'un trottoir à l'autre; des interstices ménagés entre ces pierres transversales permettaient aux roues des chars de passer. D'ailleurs il est peu probable que ces chars fussent abondants. Sans doute avec les piétons, vêtus de la toge blanche et du pallium, alternaient les litières molles, portées par des esclaves, des noirs chargés de contraster par le bronze de leur cuir avec tout le blanc, le mauve, le violet le bleu azur, le safran ou la pourpre de l'attifement, et l'or stellaire des cheveux des belles Romaines et des rideaux de la litière. Même les chars servaient à amener de la campagne des propriétaires terriens, ou des jeunes gens professant l'amour de l'aventure et des belles ainsi que le pourrait faire croire ce graffite : « Muletier si tu brûlais d'amour tu te hâterais davantage pour retrouver ta belle ; je t'en prie, presse le pas, allons, tu as bien assez bu. Allons, prends ton fouet et agite-le, mène-nous vite à Pompéi où m'attendent mes chères amours. » Où est-ce écrit ? Sur un mur blanc, entre deux dessins peut-être où de rudimentaires gladiateurs agitent des membres grêles et des lignes grêles qui sont des glaives, sans doute au mur d'une des petites auberges qui sont fréquentes dans les faubourgs de Pompéi.

Elles ne sont point très luxueuses ; c'est un enfoncement rectangulaire, on y vend des boissons chaudes, et du falerne ; on boit debout, et derrière, au fond, est une petite salle pour les habitués. C'est peut-être chez Suavis, la marchande de vins qui a toujours soif, comme l'écrivit un de ses clients, affranchi un instant de cette infirmité pour s'être largement servi des grandes amphores des comptoirs, en ses libations à Bacchus, dont une statuette orne le lieu. Ce Bacchus pompéien, on aime à se le figurer comme un Horace un peu divinisé, comme un demi-dieu de l'ode légère. Ce n'est sans doute pas le Bacchus après lequel, d'un geste envolé, d'une silhouette légère courent sur le panneau de stuc poli les Ménades décoratives, ce doit être un Bacchus jamais furieux, pas très lyrique, le moins Dyonisien possible, sans mystères. C'est bon pour Isis, la douce et la compliquée, dont le temple se dresse tout près. C'est un Bacchus léger, il sait que les femmes, selon un proverbe, à Baïes qui est tout près de Pompéi, et sans doute à Pompéi, subissent de mythologiques influences et

que les Pénélopes y deviennent des Hélènes.
Sans doute le Bacchus pompéien y aide de tout
son possible, à moins qu'il ne console seulement des personnages secondaires, des com-
parses comme ce muletier qui conduisait
l'élégiaque amoureux pressé, ou bien ces gré-
cules rhéteurs, ces précepteurs faméliques,
ces bizarres éducateurs, et tout le joyeux se-
mis de parasites que Pétrone dessina et qui
vivent devant les yeux, avec l'intensité tourmentée d'un ballet; les plus agiles buvaient
debout, les plus lourds, ceux ventrus et déjà
un peu fatigués de ce métier de beaux esprits
et de courriers... diplomatiques, s'asseyaient
dans la petite arrière-boutique et se racontaient
les bons contes, et se passaient des renseigne-
ments sur l'état de la côte, bulletin thermal
des petites affaires du cœur sur la rade la
plus indolente. Évidemment à Pompéi on choi-
sit sa station.

Au sortir du cabaret, si l'on prend la rue
pavée de blocs de lave énormes, on aperçoit un
peu partout : à droite, à gauche, d'étroites
ruelles; cela tient à ce que les riches Pom-
péiens, les honnêtes rentiers campaniens veu-

lent leur maison libre de tout voisinage, modernement de toute mitoyenneté. La maison apparaît comme un îlot et montre ses murs fermés et aveugles ; la vie, la couleur, les fenêtres, la vasque, la piscine, tout cela est au dedans ; la maison est carrée et close comme une maison mauresque, à moins que le balcon supérieur ne rompe l'uniformité de ce silence visuel, et puis parfois, au ras des trottoirs, le long de ces îlots, s'ouvrent quelques boutiques où pendent les paquets pareils de poissons séchés, où l'on débite des poissons au garum et toutes les friandises restreintes que connaissent le parasite et le gladiateur. Ce sont boutiques en façade dans le genre des nôtres, meublées de comptoirs de marbre et fermées par des devantures à volets munies de portes glissant dans des rainures. Mais seuls les gens très désireux de profit creusent dans le bloc de leur maison ces alvéoles de lucre ; est-ce à dire que les maisons les plus belles restent ainsi closes au simple passant qui ne saurait quel titre invoquer pour y entrer? Non la porte est ouverte et l'on aperçoit le mur du jardin de la maison tout rehaussé de couleurs et historié de mythologies.

Un des plus célèbres de ces tableaux offre à la vision un Orphée charmant les animaux, dans un paysage fantaisiste coupé en médaillons, évoquant autour d'Orphée jouant de la lyre, des zones diverses de plaine et de jardin, où les animaux prennent un immobile plaisir. En elle-même cette peinture murale n'est sans doute pas un chef-d'œuvre, mais cette vue de couleur entre-baillée à chaque porte devait être du plus joli effet.

Près du forum civil qu'une colonnade entourait sur trois côtés et où sept grilles donnaient l'accès, colonnade coupée de basilique de temples, ou vingt-deux statues s'érigeaient, de petites logettes étaient louées aux changeurs, aux orfèvres, et sur cette place où battait le cœur de Pompéi, toute sa menue vie municipale, criarde et affairée, sur les murs, c'est encore la série des dessins au trait, des inscriptions où les artistes populaires se donnent carrière, dessinateurs anonymes, pas tous ; voici toute une illustration complète, texte et dessin. *Væ tibi*, Malheur à toi, est-il écrit au-dessus d'un âne assez bien pris dans ses lignes et tournant la meule, et la devise *Labora, aselle, quomodo ego laboravi et proderit tibi* (Travaille, ânon, comme j'ai travaillé et cela te sera utile). Quelle meule a tourné l'artiste inconnu? s'assimiler à un âne, probablement pour n'avoir pas réussi, c'est du tour d'esprit de quelque pédagogue aventureux; celui-ci ne tenait pas à la gloire éternelle, il a omis son nom; c'était peut-être un parasite devançant dans ses croyances le *Neveu de Rameau* de Diderot. Il voulait vivre, boire, manger, dormir, avoir de l'or; il avait sans doute l'ambition du succès personnel et viager, il ne nous a pas laissé son nom et Pompéi le condamne. Sage, si Pompéi était entré dans la ruine du temps et le songe sans réveil des pierres mortes, il nous cache le nom d'un homme d'esprit qui fût certes devenu un bon sujet de nouvelle. En revanche nous apprenons celui d'un obscur animalier; à celui-là l'oubli eût été plus favorable, car le burinage rapide de deux chevaux de cirque, Pitholaüs et Digonus Veneti, de la bouche desquels s'échappe un brin de laurier devenu millénaire ne classera pas Fortunatus Afer au rang d'Apelle ou de

Parrhasius. Voici à côté, des gladiateurs de Thrace et de ces robustes jouteurs qu'on appelait les *Victores Campaniae*, gaillards robustes et couverts d'airain, favoris des belles ; leur caserne vers la vallée du Sarnus montre son vaste préau entouré de cent colonnes et soixantes logettes que sans doute les gladiateurs occupaient les jours de fête ; c'était aussi une prison, on y trouva des squelettes pris par les tibias (Gusman).

Au coin de presque toutes les rues, à l'angle des carrefours, on entend bruire les fontaines. C'est là sans doute qu'auprès des esclaves venant remplir les lourdes cruches, les gladiateurs novices contaient leurs fanfaronnades, et les rhéteurs sans place étanchaient un peu leur soif. Elles sont simples, de pierres carrées, mais toujours quelque figure les orne, quelque mascaron imitant le masque de l'acteur tragique, qui au théâtre couvert incarnait les héros et les dieux. L'eau gicle d'une tête de lion ou de taureau, c'est Méduse qui la crache ou Mercure qui la dispense, si on y voit aussi un aigle enlevant un lièvre, une femme tenant une colombe

(Venus) un coq, etc. Le trop plein de la bouil-
lonnante fontaine s'enfuyait sous les trottoirs ;
ces hauts trottoirs qui bordent les maisons,
ce n'était point une soigneuse édilité qui les
construisait. Sans doute elle les surveillait
seulement, et la tâche de les construire in-
combait aux propriétaires des maisons ; aussi
la fantaisie de l'architecte y règne-t-elle au
moins quant à la matière qui les compose ; il
y en a de pierres, de pouzzolane, de ciment,
tout autour des maisons basses, et sur ces
trottoirs les marchands ambulants qui le matin sillonnent les rues de la ville, comme celles
de toutes les villes de tous les temps, tendent leurs paniers à celles qui les appellent du
haut de leur balcon couvert, et passent les
gâteaux, les saucisses, les escargots, les co-
quillages, les choux de Pompéi que vantent
Pline et Columelle, triomphants par leur mobilité du marchand sédentaire qui au milieu
du carrefour, cuisinier dont la fumée s'en va
vers le bleu du ciel, plonge dans ses marmites
une tasse de cuivre emmanchée d'un long bâton
et tend les portions aux lazzaroni du temps, qui
autour des bienheureuses odeurs font cercle.

Le lazzarone, car ce coin de terre en possèda de tous les temps, après s'être lesté avant d'aller se coucher au soleil, s'en va vers le forum entouré de portiques ; il va aux nouvelles, il va à l'Album dont l'image sera donnée par ceci qu'on dirait une fenêtre pleine dans un grand palais de pierre, et que sur les pierres qui tiennent la place des vitres, pierres tout encadrées de sculptures décoratives, sur cette façade vide on écrit en osque, en latin, en grec, l'annonce des spectacles : une comédie et vingt paires de gladiateurs se disputeront cet après-midi leur attention, et c'est sans doute après avoir parcouru les promesses de plaisir et avoir mis au courant leur curiosité de badauds touchant le prix des denrées et les nouvelles boutiques qui s'ouvrent, et les luttes des grands de ce monde pour les charges municipales, qu'ils s'en vont, tout en cherchant un coin de sieste, augmenter la richesse de cette littérature murale dont nous avons donné des échantillons. En voici encore : Épaphros est un débauché, Oppius est un voleur.

Injures ou constatations, peu importe, mais c'est encore l'amour qui tient le plus de place.

Des intrigues se nouent peut-être ou au moins une correspondance s'échange sur ces blanches parois : Augé aime Arabienus; à celui-ci on promet la protection de Vénus pompéienne, une déesse fort redoutée et fort occupée.

« *Ma chère Sava, aime-moi, je te prie,* ce qui est une humble requête. *Nonia salue son ami Pagurus,* ce qui est une réponse. — *Virgu la Testio suo : indecens es* (tu es trop laid), ce qui est l'indice d'une fin de brouille. Nous n'avons pas le graffite interrogateur qui mérite cette réponse peu indulgente, à moins que ce ne soit ce madrigal : *ma petite poupée, qui es si jolie, celui qui t'appartient tout entier m'envoie vers toi;* ou cette bravade : *Quisquis amat veniat. Veneri volo rumpere costas.* Que celui qui t'aime vienne, je veux rompre les côtes à Venus. Vient-elle d'un amoureux jaloux ou d'un barbon qui menace de faire bonne garde? Le positif, c'est que Virgula aime le beau physique. Elle a dû écrire cela très vite Virgula, puis rentrer rapidement dans la maison peinte et donner à sa maîtresse quelque colifichet qu'elle fut chargée d'acheter, et sa maîtresse s'en pare peut-être en regardant la fresque où Ariane reçoit les hommages de Thésée et lui remet, ont vu les érudits, le fil conducteur parmi le labyrinthe. Les érudits voient des choses bien ténues, et en ce cas particulier M. Presuhn qui hésite très peu à lire le mythe dans la peinture murale.

Possède-t-on les beaux quartiers de Pompéi? Il semble que oui; l'indice serait ces parois partagées en panneaux décoratifs avec de jolis dieux peints, et des étagères qui portent des palais figurés, et des oiseaux captifs, et des colonnettes peintes, et des candélabres, à l'aspect égyptien et ces colonnes de mosaïque de goût oriental.

Un savant bibliothécaire a soutenu que c'était douteux, guidé en cela (et sa vue critique aiguisée) par ses habitudes professionnelles; ce savant indique que ce sont là quartiers deshérités, où sans doute ne se trouvent pas les villas de Cicéron ou de Pline, puisqu'on n'y trouve aucun livre, tandis qu'à Herculanum aux premiers coups de pioche on a trouvé des manuscrits; l'objection a sa valeur, mais n'y avait-il que des lettrés dans la vie antique?

N'y a-t-il que des lettrés dans la vie et les silhouettes de Virgula, d'Arrius Diomedes valent bien celle d'un poète de l'empire, translatant de grec en latin et cultivant l'imitation ornée et la médiocrité décente, comme c'est l'usage dans les grands siècles. Mais demain peut-être nous révélera d'autres aspects de la ville et verrons-nous un quartier de Pompéi où, enlisé de poussière grise et de cendre, un squelette tiendra à la main quelque décade inédite ou bien des tablettes de cire où jaseront encore des distiques latins, en l'honneur d'une beauté morte; ce qui sera plus beau que les enseignes de terre cuite, la chèvre qui indique la laiterie, l'âne tournant la meule qui dénonce un meunier, ou les deux hommes portant une amphore au milieu du bâton qui leur charge les épaules, enseignes d'un Pompéi jovial et familier, plus que dédié à l'art, aux lettres et à la philosophie.

CHAPITRE II

LA RUE IMMOBILE. — LA RUE DES MILLE ET UNE NUITS.

Sauf l'apport du commerce européen, sensible au géographe commercial, au colon, au consul, indifférent au touriste, car le fabricant d'Occident a dû se plier complètement à la tradition des Orientaux à qui il livre des fez ou des burnous, la rue des Mille et une Nuits, costumes, hommes, rues, couleur des pierres et couleur des regards, vous la trouvez dans toutes les terres d'Islam, de Rabat la marocaine à Samarcande la russe et Bagdad n'a pas absolument changé. Certes le fusil de traite ou la grande moukhala a remplacé à l'épaule des nomades le carquois de Codadad; Haroun et Giaffar ne parcourent plus les rues en quête d'anecdotes curieuses ou d'injustices à redresser, le fatimite Hakem ne vague plus la nuit de l'île de Rodda à l'okel des marchands de hachisch et la civilisation polie des Orientaux paraît à beaucoup d'Européens, dépourvue qu'elle est de poèmes célèbres nouveaux, de chemins de fer et d'industrieuses machines, une semi-barbarie ; mais comme au beau temps des khalifes un vieux langage d'amour convenu et passionné, une mimique fine et voluptueuse s'échange dans les rues étroites et les souks ombreux, et sous la fraîcheur des allées couvertes, les jeunes hommes, la fleur de jasmin à l'oreille ou retenue par le turban de soie brochée, épient les femmes long voilées dont on aperçoit les yeux de bistre et de désir. — Prenons telle ville qui dort au bord de la syrte comme l'antique Adrumète, le calme de ses rues étroites parmi les épaisses murailles blanches parsemées de tours carrées, évidées, de façon à contenir des écuries et dominées par le massif carré de la kasbah avec sa tour la plus haute (un peu un Escurial sauf les lignes droites intérieures qui forment les raies du gril) ; par les larges portes s'aperçoit la mer et ses flocons de mouettes et les flocons de

fumée grise du vapeur qui fait le courrier et
qui glisse vers la Marine dans un remue-ménage
de lourdes mahonnes à un seul mât où des
Arabes vêtus de sacs grossiers s'arc-boutent.
Vêtus de burnous blancs, ou le burnous délaissé
à cause de la grande chaleur, se promenant
dans des gandourahs roses, écarlates et vertes,
jonquille et argent, traînant après eux des enfants à la calotte rouge dont le gland bleu de
soie effilochée tombe sur leurs épaules, et parés
de gandourahs trop longues mais si juvéniles
de tons clairs, les Arabes vont vers les éventaires de pâtisserie, vers de grossiers vire-vires
où quatre chevaux primitifs, des chevaux de
bois minuscules et amputés de leurs pattes se
balancent et trémoussent plus qu'ils ne tournent. De la grande place dont la porte s'ouvre
comme une arcade sur la mer, par une rue
étroite et irrégulière à rentrants brusques, à
détours anguleux avec du crépi bleu autour
des poutres couleur de cendre qui soutiennent
les balcons couverts et clos, ils entrent dans la
rue du marché. Sur les pavés inégaux un bourriquet, malgré son pied sûr, encombrant la voie
étroite d'un frondant chargement de bran-

chages dont les feuilles folles touchent parfois
les parois des deux maisons qui se font vis à vis
trébuche. Un chameau accroupi devant son
écurie, qui est la pièce large du rez de chaussée, brise de sa forte mâchoire des noyaux
de dattes qu'on lui a préparés dans une vaste
écuelle de terre, il s'étire au bruit des pas,
se dresse d'abord sur ses pattes de devant, puis
tout droit, la bosse remontant lentement contre
le mur il barre la rue, inquiet, et son maître
arrive et le rentre sans bourrade, presque avec
politesse, pour laisser passer des bourgeois de
la ville, de gros notables bien rasés, gros et
pâles dans leurs costumes tout colorés. Les
notables passent, le propriétaire du chameau
va s'asseoir auprès de la boutique qui fait face
à sa demeure ; il y a là un boulanger ; on pénètre
dans un rez-de-chaussée assez noir, quelques
pains ronds et plats sont disposés sur une
planche ; au fond béc la gueule du four, et à
côté c'est un potier qui vend des poteries
presque roses, chamois, de formes assez harmonieuses, très légères que les Orientaux achè-
tent moyennant le contenu de cette poterie
futile en noyaux d'olives ou de dattes ; de

sorte que le potier opère une double transac-
tion ; on lui achète sa poterie pour cette quantité strictement définie par la forme de l'usten-
sile, et ces noyaux, il les revendra contre des
piastres ou de la monnaie de billon à ceux qui
en ont besoin pour les donner à leurs chameaux
qui en sont friands, autant que de ces longues
feuilles où poussent les figues de Barbarie et
dont ils broient et le corps gras et les épines
énormes, aiguës comme des aiguilles, d'un lent
et tranquille mouvement de mâchoire, avec un
perpétuel va et vient presque circulaire du
muffle. Plus loin, derrière une paire immense
de balances de cuivre, adipeux, colossal, se
tient dans son étroit magasin exhaussé de
près d'un mètre sur la chaussée, le marchand
de pâtes frites. La pâte est jetée dans l'huile
bouillante et en sort aussitôt de forme capricieuse et tourmentée, exhalant une odeur forte.
Tout près, un boucher sanglant écorche des
moutons et en pend les quartiers à côté des
quartiers de chameau, de chair rose protégée
par de fortes bardes de graisse. Son voisin,
c'est un marchand de fruits ; on voit entassées
chez lui des dattes à toutes leurs époques de

maturité et avec tous leurs goûts si différents
d'après l'âge du fruit; au mur sont pendus les
régimes de dattes fraîches, des fruits ovoïdes,
d'un jaune mat sans éclat, adhérant à des tiges
jaunâtres, couleur de genêt séché. Puis d'autres
régimes où déjà le fruit s'ombre, se fonce, se
pare à l'extrémité et sur les contours d'une
légère ligne de gomme transparente, d'autres
régimes où le fruit, plus foncé encore, laisse
comme une goutte de cire trembloter à son
extrémité, ou semble s'ouvrir légèrement à la
pointe, puis ce sont des paniers où la datte se
mûrit plus encore, se mêle, s'empoisse, se
forme en nœuds de plusieurs fruits, et dans
des sacs, des dattes encore sont empilées sous
de lourdes pierres qui les pressent, les foulent,
et tandis que le sac s'affaisse il se forme de tous
ces fruits comme une épaisse confiture, où
seuls les durs noyaux gardent leur forme in-
tacte. Et à côté la robe de bure rose des gre-
nades qui souvent se fend, laissant voir des
lèvres jaunâtres et de roses gencives, puis les
secs et noirs caroubes, les raisins muscats aux
grains oblongs où de l'aurore se passe en buée
dorée, et dans des coins les tas de figues de

Barbarie, vertes, rosâtres, grises et rouges
selon qu'elles furent cueillies à leur heure ou
un peu trop tôt. Le fruitier les manie bien de
ses doigts aguerris qui ne craignent aucune
épine, mais sans doute sa clientèle ne se croit
pas obligée à un tel endurcissement de la
paume et des doigts. Aussi dès que ceux qui
les fournissent sont arrivés de la campagne
poussant le petit bourriquet chargé de couffes
de sparterie pleines de figues de barbarie, ou
les petits enfants qui en transportent des cor-
beilles sur leur tête, le fruitier vide ces char-
gements hérissés dans des baquets pleins d'eau
préparés à l'avance, et avec un bâton vigou-
reusement on agite, on agite activement, et
sous la rapidité de l'impulsion giratoire que
subissent les fruits, les épines se détachent et
laissent le fruit maniable. C'est très au matin
que chez le fruitier (ou bien les marchands
s'arrêtent au seuil des maisons), les Arabes
mangent force figues de Barbarie, ou de vraies
figues, vertes ou noires où perle une goutte de
lait ; ils les dégustent fraîches et glacées, puis
ils boivent du lait de chèvre. Les chèvres par
long troupeau, avec les sonnailles tintelantes,

passent sous la conduite de campagnards aux burnous couleur d'argile sèche, couleur de bouchon, couleur de cendre, et qui tiennent d'une main un long bâton légèrement recourbé, de l'autre une petite mesure d'étain ; et partout circule le troupeau des chèvres qui souvent se cabrent au mur pour brouter quelque mousse et la traîne volutante de quelque plante verte tombant du haut de la terrasse ou la fleur de quelque pariétaire, chez les marchands, au seuil des belles maisons, chez les riches, aux échoppes des ouvriers déjà courbés sur leur menu travail, jusqu'aux niches spacieuses dans les remparts qui sont des gîtes de courtisanes.

Pour l'Arabe qui ne serait point assez riche pour manger des fruits, boire du lait ou du lakmi dormant chez le marchand de dattes en des gargoulettes de formes tourmentées, ou pour s'asseoir chez le restaurateur qui lui tendrait, en de petites assiettes, la pile conique du couscous, ou bien les petits morceaux de mouton coupés dans une sauce pourpre de couleur profonde et de goût pimenté, l'échoppe du marchand d'huile est ouverte. Le marchand plonge dans la jarre pleine, énorme, assez grande pour qu'on se demande si un des quarante voleurs d'Ali-Baba n'y est point accroupi, et lui verse dans une écuelle de l'huile forte, jamais rance, mais grossièrement exprimée avec ces meules que viennent vendre les nomades qui poussent à certains jours vers les villes leurs chameaux chargés de ces larges disques. Le pauvre Arabe achète un pain plat et rond, et trempe les morceaux dans l'écuelle, la mie spongieuse boit l'huile, l'Arabe la mange et le voilà lesté pour presque tout le jour jusqu'au coucher du soleil, fortifié pour la route, ou préparé pour le sommeil au long du mur de la mosquée qui ouvre dans une ombre religieuse sa porte surmontée d'un cintre ajouré et peinte de couleur sombre.

A la porte du barbier, sur un banc, voici un homme très pâle, en sa longue draperie blanche; sans doute il se sera fait saigner, car le barbier est aussi un chirurgien. Ce praticien, au fond de sa boutique, l'aiguière de cuivre à la main, asperge le crâne d'un client qu'il vient de raser comme on scalpe, en laissant la mèche par où l'ange de la Mort viendra saisir le croyant pour l'emporter vers le paradis auquel il a cru toute sa vie; les patients, aussitôt libres, s'asseyent un instant sur le banc du dehors, regardent vers le fond de la rue les amoncelis de tomates et de poivrons, regardent les Arabes de la campagne qui viennent vendre des perdrix qu'ils tiennent renversées entre leurs doigts écartés, les pattes roses visibles sur le dessus basané de leurs mains, et vont un instant vers les marchands de parfums dont la petite boutique adossée au mur du souk contient des petits flacons pleins d'essence et des parfums solidifiés en petites boules aux couleurs de minuscules pommes à peine mûres. Puis que feront-ils? la question, pour des Arabes oisifs, se pose à peine, ils iront prendre une tasse de café; mais oui, voici en face l'un de l'autre deux établissements qui se font concurrence. L'un est tout à fait traditionnel, placé sous la grande arcade d'entrée du souk, quelques plaques de céramique appuyées contre ce mur le délimitent; un fourneau également paré de ces plaques carrées émaillées, où une arabesque grossière se flore de bleu ou de vert, supporte les petites tasses blanches à très légers filets d'or ou à simples touches d'or posées un peu n'importe où, sur l'émail et les petites cafetières de fer à longue tige. Mais dans la rue l'établissement plus nouveau, plus spacieux, orné d'une pendule de fabrication anglaise, requiert les amateurs de nouveautés et de civilisation. A la paroi, quelques dessins barbares, représentant des sultans gras, bouffis, les coudes au corps, un sabre dans chaque main, et sur la banquette de pierre, des nattes, progrès! Dans les deux cafés, le cafetier, le fez sur le derrière de la tête, s'agite, vêtu d'une veste verte, amarante, caroubier, entr'ouverte sur la poitrine et laissant voir les plis d'une blanche chemise molle. Dans les deux, sur la banquette extérieure un jeu de dames est tracé à la craie; dans les deux circule la longue pipe ovoïde d'argent ou de métal argenté d'où chacun tire tour à tour une longue bouffée. Mais cette rue est vouée à ces commerces simples qui tous regardent la boisson et la nourriture. L'Arabe qui veut faire des emplettes doit entrer dans le souk ou bazar.

C'est sous des voûtes étroites et basses un dédale d'allées où les commis, ou bien les esclaves (autrefois les esclaves) répandent avec des gargoulettes blanches ou vertes un mince ruisselet d'eau qui s'éparpille en gouttes rondes et forment d'éphémères entrelacs. Les crieurs annoncent d'une voix gutturale que Achmet ou Abdallah met en vente des écharpes de soie, des nattes du désert, des broderies précieuses, et dans les échoppes étroites exhaussées à environ un mètre de terre, les jambes croisées, des clients déjà regardent hiératiquement le marchand déplier des vestes qui restent roides de dorure, des carrés de coussins où des oiseaux d'or se dessinent en relief, ou qui déroule de longues couvertures blanches où le fil rouge d'une Nomade a configuré d'une façon quadrangulaire et schématique une caravane ou une chasse; à moins que les acheteurs, munis déjà de turbans de couleur, d'agrafes de métal pour les burnous, ne songent à leur luxe principal, le harnachement de leur cheval, et s'avisent du bourrelier qui leur apprête bien des tentations, car le bourrelier vend beaucoup de choses :

il a de larges chapeaux de paille à ornements de cuir rouge, avec des filets verts ou safran ; les babouches jaunes relevées de cuir de couleur, les porte-monnaies marqués d'un croissant et tout hérissés d'un fil argenté dont les dessins tiennent mal en ordre. Il a les étriers larges où tout le pied s'emboîte, que le dinandier lui confie à vendre, vastes pièces de cuivre repoussé, guilloché, et la selle de cuir rouge ou jaune, avec ses deux montants dont les bords sont de cuivre travaillé ; à côté de lui un ouvrier habile, une sorte de bijoutier, martèle des pièces d'argent ou des pièces d'or, les étire, les grave à nouveau, en tire de légères larmes de métal qu'il cloue sur un coffret, sur une selle, sur la poignée d'un des longs poignards dont son voisin le bourrelier fabrique la gaîne de cuir presque toujours rouge ou brune. Marchands d'étoffe, bourreliers, bijoutiers, voilà les grands commerçants du souk. Car il n'y a point là que le bijoutier juif qui tire des ornements de la pièce de monnaie qu'on lui confie, et fabrique les mains de métal, qui sont un symbole de l'Islam ; il y a l'orfèvre qui fait des

colliers de monnaies qu'il troue et attache,
et monte des tiares pour les femmes, ces tiares
de famille, sorte de couronnes de dynastie qui
s'accroissent d'un rang à chaque génération. Il
y a aussi le marchand de meubles qui exécute
les tabourets où une marqueterie laisse courir
une sourate du Coran, et des treillis de bois
contourné et doré qui s'appuient sur des glaces
et sont l'ornement des murs aux maisons des
riches; tous ceux-là tiennent l'allée centrale
et le rond point du souk. Dans les allées latérales, ce sont des vanniers qui livrent des
paniers en deux pièces distinctes, une sorte
de plat assez profond et un couvercle pointu,
paniers où l'on a coutume d'enfermer les pâtisseries qu'on s'envoie de famille en famille
les jours de fête, et aussi les couffins ronds
et profonds, que l'Arabe charge sur son épaule
pour regagner les petites maisons basses
des jardins près de la ville. Aussi dans les
petites allées, de graves personnages accrou-
pis cousent des sacs énormes en sparterie
lourde ou en étoffe grossière qu'on fera pendre
de chaque côté du chameau de charge. L'ar-
murier incruste de perles de cire et de filets

de métal l'antique crosse d'une arme à batterie, le silex tout prêt auquel il vient d'adapter un canon venu de Liège ou de Saint-Étienne. Mais ce canon de fusil, la pendule anglaise d'acajou sombre, quelques fez rouges, quelques cotonnades, voilà tout ce qui vient d'Europe et n'a pas le caractère hiératique et ancien de l'Orient.

En tout cas, ce caractère est tout entier chez ces hauts Nomades bruns et maigres à l'œil profond, la prunelle très noire dans un iris trop blanc, qui passent nonchalants et fiers; dans ces nègres vêtus d'un pagne et d'une loque qui courent, l'air sournois et cruel, colossaux comme le nègre du conte des Pommes qui amenèrent la mort de l'épouse fidèle; dans cet homme de loi, l'écritoire de cuivre à la ceinture, qui écoute des disputeurs avec un tel air de gravité et de sagesse que certes une opinion sortira de ses lèvres, droite et habile comme un jugement de Salomon, dont les héritiers passent par le Souk, les hommes en turban noir et manteau de couleur brune et les femmes casquées d'or avec un voile qui leur descend sur les épaules, la face décou-

verte, les seins serrés d'un corselet, et les
jambes prises dans de hautes jambières brillantes à éclat d'or. La rue orientale grimpe la
petite colline, elle s'infléchit, passe sous une
voûte. Les maisons sont toutes proches, les
voûtes sont fréquentes et parmi l'ardent été le
soleil n'arrive guère dans ces coupées creuses
et étroites. La maison offre une façade ré-
barbative. C'est à l'intérieur qu'au milieu du
patio, dans une vasque pleine d'eau fraîche,
des colombes s'abattent à travers les rayons
de soleil, courent se poser aux rameaux tors
de vieilles vignes qui tamisent la lumière et la
jettent sur le sol dallé de ciment blanc en dessins légers et mobiles ; la gaieté que commu-
niquent aux villages du midi de l'Europe les
femmes cousant et jasant près d'un rideau
rouge moirant sous la brise, les enfants jouant,
les lavandières frappant la blancheur humide
du linge, les vieux patriarches assis aux bancs
devant leur porte, tout cela se trouve en
Orient (exception faite du souk) dans l'intérieur des maisons, et les pas du touriste ne
rencontrent guère dans l'allée grise et bleue
que quelques vieillards ou l'enveloppement

blanc et presque hermétique d'une femme marchant à petits pas serrés. Pourtant, vers le soir, quand le soleil a décru, un peu après qu'il a déployé sur toute la ville blanche ses pourpres et ses étincelles mourantes en brefs incendies, c'est sur toutes les terrasses un pépiement d'oiseaux et de femmes ; c'est, plus le crépuscule s'avance, comme une rue aérienne. D'une terrasse à l'autre, un peu après que le muezzin a bramé le mélancolique et traînant cri de fidélité que, quatre fois par jour, l'Islam tout entier envoie vers les cieux et qui se répercute de minaret en minaret par-dessus les terrasses comme la propagation des ondes sonores de cloches humaines toutes fondues dans le métal de la foi, c'est d'une terrasse à l'autre un dialogue vif et familier commentant la journée qui vient de s'ajouter à tant d'autres journées de soleil.

Elles se peuplent aussi, ces terrasses où dans les quartiers pauvres se balance le linge qui sèche et se durcit le frai de poisson, elles se peuplent et se hérissent de burnous bleus ou blancs lorsque passe le convoi de quelque scheik ou de quelque notable et durant que le cortège

funèbre défile, que les porteurs se relaient qui
ont chargé leurs bras du poids de ce corps,
que, durant sa marche, les drapeaux de la mosquée, énormes, multicolores, avec des hampes
grosses comme trois hampes européennes
terminées par de fortes boules dorées, s'in-
clinent en cadence sur le cercueil, du haut de
ces toits part un long cri stridulant, répété,
répercuté à tous les coins de la ville, un ouh,
ouh, ouh ! criard de tout près, d'une indicible
mélancolie quand il arrive des maisons lointaines, et qui se répand par toute la cité, sou-
levant et accrochant partout de la douleur.
Durant cette énorme lamentation des femmes,
le cortège passe, et les hommes, lents et silencieux, graves comme devant un passage
prévu de l'infélicité terrestre à un bonheur
éternel, semblant ne ressentir de douleur que
pour eux-mêmes et la maîtriser, marchent
solennels, compassés, dans leurs plus beaux
vêtements. On passe sous la grande porte carrée qui est double, qui renferme une cour assez
vaste où les soldats paressent, où les douaniers
tracassent, où les paysans piaillent pour obtenir de moins payer sur l'entrée des fruits ou du

bétail ; tout s'écarte pour faire place à la pompe funéraire qui bientôt entre dans la plaine et serpente vite à travers les haies de figuiers de Barbarie, longe les oliveraies argentées et s'arrête au cimetière tout bosselé de petites dalles blanches avec un petit trou creusé pour que s'y arrête l'eau du ciel. Dans les grandes villes, à Constantinople, le cimetière est gai, c'est un endroit de fête ; dans les petites villes, il est simplement riant ; des groupes s'y composent, s'y défont, s'arrêtent, s'asseoient sur les pierres tombales et jasent ; ils disputent, songeant sans douleur à ceux qui se décomposent dans cette terre grasse et productive.

Villes en dédales, avec des rues étroites, tranchées parmi des cubes carrés, s'évidant en places assez spacieuses comme celle où tient non seulement la foule et les vizirs et le sultan, mais encore les sept coupables successifs du meurtre du petit bossu qui viennent les uns après les autres avouer leur crime, sauver l'innocent et débiter les plus mirifiques histoires, souks tout pareils (moins riches peut-être) à ceux où Ben-Bekar rencontre

Schemsennahar (1); marchés, tels ceux où la belle Zobéïde achetait tant de bonnes choses : des pommes de Syrie, des coings Osmani, des pêches d'Oman, des jasmins d'Alep, des nénuphars de Damas, des concombres d'Égypte, des cédrats sultani, des entrelacs de sucre au beurre qu'elle fait charger sur les épaules du portefaix; rues d'Orient qui seront belles, c'est-à-dire hiératiques et familières, pareilles à ce qu'elles furent depuis dix siècles, encore pendant quelques années ou quelques jours qu'il faut décrire encore une fois maintenant, car déjà les fortes locomotives sifflent aux gares, au long des côtes tunisiennes, parmi les villes turques, et le rail se pose dans l'Asie Mineure pour charger sur des wagons de marchandises ce qu'apportent vers Bagdad et Bassora de nouveaux Sindbad, avec des bateaux à vapeur et des cargo-boats.

(1) *Les Mille et une Nuits,* traduction Mardrus.

CHAPITRE III

Les fleuves sont des chemins qui marchent,
dit la sagesse des nations ; les canaux aussi à
moins qu'ils ne stagnent. Même près d'une eau
alanguie de longues traînes d'herbes et du
lent mouvement des cygnes, les quais vivent
d'un caractère particulier et les villes de berges
et d'îlots sont chères aux rêveurs quand elles
sont petites, silencieuses et déchues ; précieuses aux actifs et aux aventureux quand
elles possèdent encore l'aspect florissant d'une
Venise des Doges ou d'une Bruges de la Hanse,
et qu'elles sont le comptoir aux mille couloirs
sur la mer. Entre les murailles où pendent les
anneaux de fer pour l'amarrage des barques
commencent des rues limpides de rêve actif,
de chimérique réalité dont l'aboutissement est
au loin, très au loin, vers les wharfs des colo-

nies, les placettes bizarres, diverses d'autres
couleurs de chairs, de parfums de poivre, des
épices et vers les reflets d'or solaire épandu aux
quais des grandes cités, qu'au bord oriental de
l'Atlantique les nouveaux Amphions érigèrent
au sifflement aigu des sirènes et peuplèrent de
la scorie de nos villes et de l'alluvion de nos
campagnes d'Europe; et le voisin idéal de ce
gros entreposeur de thés d'Amsterdam, ce n'est
point son ami qui entrepose des tabacs, mais
le Chinois agile dont il a le portrait sur les boîtes
qu'il manie sans cesse, qu'il a toujours sous les
yeux, ignorant comme tous l'existence et la vérité du symbole; là-bas le Chinois ne pense,
en ses préparatifs et ses emballages, qu'à son
voisin d'Amsterdam. De plus les rues de ces
cités de vapeurs, d'appareillages et d'arrivages
rappellent, dans le calme du soir, qu'elles sont
l'aboutissant de la cité lacustre, du refuge où
gîtait l'homme avant qu'il ait eu l'idée de s'é-
tablir dans les îlots des côtes et les îlots des
fleuves pour multiplier à l'aise et pour commercer.

On a souvent comparé Venise et Amsterdam
les plus importantes des îlots-villes, comme

Paris est la plus grande des cités produites par l'île du fleuve. On a souvent appelé Amsterdam la Venise du Nord et je ne crois point qu'une réciproque politesse lui ait été rendue, tant la superstition latine et le culte de l'Italie berceau de toute beauté, ont influé sur la cérébralité européenne. D'ailleurs Venise a l'ancienneté, elle a aussi la rêverie; Venise et Bruges sont des points morts où dans une mélancolie du ciel, de l'eau et du passant on peut étudier des splendeurs, maintenant vétustes et parées de deuil; villes où les dentellières tissent du fil d'aragne sur du présent gris. Puis il est facile peut-être d'extraire ce regret des palais délabrés et des ruelles moisies. Mais que de différence entre Venise et Amsterdam, Venise est la cité de la mer, Amsterdam une cité fluviale; Venise est un fait isolé, une ville qui s'est réfugiée sur des îlots, Amsterdam est un aboutissement; l'alluvion de ville apportée par les fleuves et les canaux depuis des centaines de lieues s'est concrétée à Amsterdam comme aussi à Rotterdam.

Sortant de leurs larges allées de collines,

souvent portant encore des couronnes de rui-
nes crénelées, toutes hérissées de vignobles ou
bien creusées sous le pic du mineur, le Rhin
et la Meuse rencontrent la plaine étale et s'épa-
nouissent en affluents; alors la main humaine
ductilise la force des deux grands courants;
chacun s'en sert pour arroser son pré et c'est
un lacis de berges droites et de lignes droites
d'eaux se coupant à angles droits, sur tout ce
sol bas qui fut continué de conquêtes sur l'es-
tuaire et sur la mer. Dans les campagnes flamandes ou néerlandaises, le canal silencieux
roule lentement ses eaux; des troupeaux de
moutons paissent l'herbe courte et grasse de
ses digues; sur le plat de la digue un sentier
tracé dans la verdure; près des villes c'est une
promenade; c'est aussi un chemin; les piétons,
les fardiers pressés le prennent comme direct.
Entre les berges silencieuses, de petits vapeurs glissent, secouant dans leur remous les
tiges de nénuphars, petites coupes jaunes et
blanches au ras de l'eau. A mesure que le
bateau s'approche, le pont sur lequel il se dirige tourne sur ses pivots de fer et va se coller
à la rive pour lui laisser le passage ou bien

aux lourds chalands halés dont le mât serait
trop élevé pour passer sous son tablier. Un
éclusier, à côté, sur l'appontement, quelque
prêtre catholique ou la tache également noire
d'un pasteur à la redingote longue et stricte,
au chapeau de soie noire très élevé, quelques
paysannes accroupies près de leurs paniers
voici les riverains aux confins du pays flamand ;
dans la plaine les tours carrées des églises
semblent guider des ouailles serrées autour
d'elles, en leur crépi jaunâtre et leurs toits
de tuiles rouges ; parfois des joncs du bord,
un héron s'élève et plane ; les troupeaux abon-
dent dans le vert horizon, et des petits carrés
de feuillage brun décèlent les fermes ; puis le
canal pénètre dans les petites villes hollan-
landaises, si calmes, si tranquilles, si pro-
prettes ; une sorte de jardin botanique ou des
vieux remparts délaissés et livrés aux jardi-
niers leur donnent l'ombre et l'arome des arbres ; des barges attendent, arrimées, à leur
port où de petites machines de cuivre polies
comme des jouets, comme de menus instruments
de précision surmontent les bateaux à parcours
réguliers, toujours chargés de paysans aux

costumes traditionnels et de couleur sombre, et de femmes aux bijoux dorés et aux jupes éclatantes également si traditionnels que malgré la vapeur on songe aux antiques coches d'eau qui, au siècle passé, montaient et descendaient les fleuves. Quelquefois la petite ville est le point terminus du canal dont les eaux, calmes alors, s'encadrent de trois quais de pierre. Là, près des appontements, c'est à toute heure de repos de la petite ville, et tous les longs dimanches, la promenade et les pas-perdus de la population. Les auberges s'y tassent les unes contre les autres, spacieuses, claires, égayées par les polychromies de l'affiche ; les débitants de genièvre sont loués par le luxe de comptoirs jolis, proprets, où un garde-française du siècle galant témoigne à de graves bourgeois sa joie de connaître leur schiedam, les fabricants de cigares confient à une forme féminine, souriante, dansante, aussi belle que peut la créer l'art du chromiste, le soin de recommander leur fumerie ; les embaucheurs des compagnies maritimes font fendre des flots à quelque énorme steamer avec dessus des gens souriants (sur ce bateau on n'a pas le mal

de mer). Ce quai est plein de gens à l'aspect
sérieux et ponctuel, la barbe en collier, les
joues strictement rasées sur les maxillaires;
lents, calmes, ils regardent et devisent, satis-
faits d'une vie immobile qu'ils mirent à la
placidité de leurs images dans ce canal qui
ne s'agite qu'au départ du bateau, comme
eux-mêmes ne se déplacent guère que pour
ces longs exodes aux colonies. Vraiment de
même que leur reflet ne s'agite qu'à l'écho du
remous, leur âme ne bouge qu'en pensant
aux lointaines îles des Épices, aux colonies
où ils ont des parents, des amis, des liens et
les rêves d'opulence rapide et de vie fastueuse.

Mais ces grands canaux qui parcourent la
grande ville, ils nous mènent le long d'une
rue de Leyde, passant devant des imprimeries
qui ont imprimé le savant Huyghens, qui ont
autrefois donné leurs caractères pour des romans émouvants de l'abbé Prévost, ou des
pamphlets d'émigrés français; des ponts presque japonais d'aspect, au dos presque mi-circu-
laire, s'ouvrent aussi pour laisser passer le navigation. Ces canaux produisent de vastes places

d'eau, où le soir, la lumière se joue en mille magies solennelles de reflets d'étoiles et de réverbères dont la flamme semble des étoiles allongées, et partout le milieu glauque de la chaussée, c'est un miroir lent et fidèle de petites maisons à pignons découpés, ornés de statues qui se détachent en plein ciel, et des hauts arbres qui là-bas vivent moins longtemps qu'ailleurs, le sol ne les supportant que peu d'années.

Les pignons, ce fut la caractéristique autrefois, de la maison hollandaise, son luxe et son emblème. Déjà dans le Nord français autour des beffrois, les maisons semblent élever leur toit au ciel par des gradins réguliers ; plus encore en Belgique où l'on a gardé quelques belles façades, des cygnes, des renards, des nefs dorées signifient ce que l'on faisait dans le vieux logis, indiquent la corporation qui y tenait ses assises ; l'or grimpe de l'enseigne surplombant la boutique du rez-de-chaussée par les filets des fausses colonnes jusqu'aux cartouches du dernier étage et s'enlève en statues à l'extrémité du toit. La place de l'hôtel de ville de Bruxelles est restée caractéristique entre ses hôtels corporatifs, sa maison de ville et sa maison de roi toutes prêtes le soir à entendre converser les ombres de ceux qui y habitèrent.

Sur certains points, canaux tranquilles, places silencieuses, féerie de l'eau morte, la Belgique est un peu la préface de la Hollande et encore c'est trop dire. Certains aspects naturels, certaines habitudes acquises sont les mêmes en Belgique et en Hollande. Il faudrait même exclure de ces similitudes toute la Belgique wallonne, celle du Borinage et du Hainaut avec ses rues noires en détritus de charbon; ses maisons ouvrières peintes de couleurs claires, et atteintes par les suies semblent des charbonnières qui malgré un costume du dimanche, viennent de se contaminer les mains et la face; celle de Liège presque Rhénane d'aspect avec ses gros coteaux verts traversés de mines, sillonnés de locomobiles industriels. Les ressemblances se restreindraient au Brabant et à la Flandre, et pourtant, malgré les pignons, la largeur des places, la digue calme, que de nuances entre une ville comme Malines et une cité de l'in-

térieur hollandais. En Belgique d'abord règne
l'influence catholique qui, si à certains jours,
elle pavoise un Bruges de mille oriflammes
de couleurs et de toutes les pompes d'une
procession, suivie de dix mille moines ou
nonnains et de bannières brochées et de massifs reliquaires, attriste la rue de silhouettes
sombres et dures, érige la monotonie carrée
des béguinages où seul est vivant et artiste
le gazon vert et touffu de la pelouse auprès
des arbres, longtemps respectés; en Belgique
le mouvement qui a conservé de belles façades
ne fut pas d'origine populaire mais administrative. Entrez dans ces maisons, dont les
curieuses moulures, dont les frontons, dont
les pignons vous ramènent au texte peint des
maîtres de la grande école flamande, vous
n'y verrez que l'ornementation la plus pauvre,
à peine décente, la plus moderne dans le pire
sens du mot. Certaines de ces façades accolées
à des cabarets neufs sont à ce point de vue
tout à fait explicites; extérieurs noirs, ou plutôt
du ton des vieux bahuts, bas-reliefs, entre-
colonnements archaïques, enseigne curieuse.
Au dedans, la salle carrée, peinte en jaune

clair, parquet lavé et couvert d'arabesques de
sable, quelques pintes d'étain, de larges
verres blancs, un comptoir jaune d'où émer-
gent les poignées de laiton peint en blanc de
la pompe à bière. Auprès, sur les quais,
sur le seuil d'une porte du vieux temps vous
verrez amoncelés les meubles fabriqués
tout à l'heure dans le style de la plus
courante pacotille. A Bruges, l'église enveloppe les femmes d'une longue et triste
mante noire de béguine ; les femmes dans les
campagnes marchent en petits groupes, évoquent ces triades de corbeaux si fréquentes
au champ de gel ou de neige. Tout ce qui
est conservé là est conservé au nom d'un
étroit particularisme, et par un ritualisme qui
marmonne sans comprendre de vieilles pate-
nôtres. Il faut toute la clarté limpide chan-
geante et irisable du ciel du Nord pour vêtir
Bruges d'une beauté trop vantée. Il y a en
Belgique affectation d'archaïsme, à côté d'un
développement moderne sans grand caractère.
Le Hollandais est plus entier, et son développement tout en conservant des costumes
et des attitudes, marche d'un pas sûr vers des

nouveautés esthétiques bien en tradition avec sa race, et ses conquêtes intellectuelles parmi les pays de colonies.

Un des points communs du Flamand de Belgique et du Néerlandais, c'est son culte du home. Ils veulent tous deux la maison large, spacieuse, personnelle, habitée par une seule famille, et dans la décoration extérieure des maisons aidés par ce goût très particulariste de la nation, les architectes belges sont arrivés à des résultats. On a pu voir dans l'Art décoratif et dans le Monde Moderne des façades assez jolies que les nouveaux architectes ont pu faire accepter à leur public. Goût flamand, c'est-à-dire passablement de petites colonnettes, balcons de bois sculpté, dont le jaune clair s'enlève sur le saumon de la brique, ou ferronneries dont le modèle leur fut fourni par l'Allemagne, sur la pierre bleue du pays. C'est souvent trop chargé, et, sobre à sa base; la maison s'ouvre en haut comme une cage où trop de petits perchoirs seraient ménagés, trop de torsades, de rondeurs, trop de placages et de moulures. Néanmoins, l'intention que toutes les maisons d'une rue ne se ressemblent point, s'oriente dans les meilleurs buts, et là les architectes belges ont abouti, ainsi que dans quelques maisons à longues vérandahs claires, en briques et pitch-pin toujours d'un goût un peu surchargé qu'ils ont égrenées en face la mer du Nord parmi des dunes.

L'architecture des maisons hollandaises est confortable, mais banale; la manie de la propreté, de la netteté, a blanchi toutes ces façades ; l'amour d'un cossu ample et simple, les a sevrées d'ornements en y aménageant largement le jour, en les ornant de jardins de fleurs rares en y ajoutant des kiosques où le goût d'exotisme s'est donné carrière en des boiseries claires, coupées d'éclatantes céramiques.

L'intimité, autour des théières de métal étincelant, y est profonde; c'est cette intimité qui fait que toutes ces maisons en elles-mêmes indifférentes, réunies forment un aspect agréable; c'est froid et ce n'est pas glacé, c'est retenu et correct plutôt que fermé. L'écran bleu, derrière lequel s'abritent des couseuses, est tendu comme une brume devant leurs visages, il empêche de les discerner et non de voir qu'une curiosité considère toute la vie simple qui passe à sa portée.

Certaines de ces maisons s'ennoblissent d'un reflet d'art. Entrez à Amsterdam dans la maison Six; l'art y palpite de toute sa coexistence longue avec ce milieu et presque prend un peu de l'accent qu'il donne à tout cet intérieur. Le Rembrandt où figure l'aïeul grandit les petits vases de Delft, les authentique et en même temps il figure comme avec son nécessaire cortège de jolies menuités d'art qui ont amené l'aïeul qui les réunissait à aimer les grandes choses d'art. La galerie petite et choisie redonne cette impression de dilettantisme éclairé, intelligent qui présida au choix de ces toiles.

Des œuvres de Van der Meer de Delft le précurseur de l'impressionnisme, le premier qui fit papilloter l'air autour des barques tirées tout près de l'eau, peuvent figurer auprès des beaux Rembrandt qui sont là, mêlés à cette vie de famille, de cette famille qui tire d'eux sa noblesse. Cela n'annule pas le martyre de Rembrandt et que ce créateur souffrit comme tous

les créateurs de tous les pays ; simplement cela
le met en place mieux qu'en une galerie de
musée, en mélange un peu bousculé de toutes
les écoles.

L'Amsterdam de Rembrandt n'existe plus
guère. Les ruelles saures où il faisait passer
ses arquebusiers, les ruelles où s'ouvraient
les chambres sombres où rêvaient ses sages se
sont éclaircies et le crépi, et le lait de chaux, et
tous les vernis ont chassé ce reflet de Palestine
qu'il aimait à trouver, peut-être à créer sur les
murs et dans les salles basses. Ses types en
revanche revivent dans le Ghetto d'Amsterdam ; trop neuf, trop percé dans ses anciennes
ruelles, ce quartier ressemble en ses lignes à
tous les autres ; mais les personnages y revivent cette vie orientale un peu alourdie
d'allures et sublimée d'intelligence que créa
d'après eux Rembrandt ; par leurs traits et
leurs démarches, ici le ghetto, la colonie
demeure délimitée. Tout le raccourci de la
population de Hollande, l'esprit de tous
ces communiers, ces insulaires, ces pêcheurs
dont on vante les costumes variés, divers, traditionnels depuis si longtemps, se rencontre

au musée d'Amsterdam ; ce serait la rue des
figures de cire, si le sérieux dans les allures
des poupées et la certitude dans la reproduc-
tion du costume n'écartait toute idée plaisante
de cette exhibition. Au contraire, elle repré-
sente un orgueil, naïf et sain, de pays qui
ouvre ses pages et note les petites habitudes
de vestiture, de bijouterie des siens ; ce sont
ces costumes particuliers, autant de façons
d'honorer la patrie unie, en affirmant que sous
des dehors un peu différents, avec des traditions
pas tout à fait les mêmes, tous ces Hollandais
sont unitaires pour la politique et la conscience.
Il y a là de la coquetterie, du particularisme
réduit à l'esthétique. A côté du culte de la
patrie, il y a celui de la cité, de ses pompes et
de ses fêtes. Il y a, du côté des cérémonies,
émulation, et souvent les villes ont lutté jalou-
sement de luxe et de bon accueil, envoyant en
tant que cités des délégations aux étrangers
de marque, passant sur le territoire des Provinces unies, pour les prier de ne point oublier
de leur rendre visite. Ainsi agit presque toujours la municipalité d'Amsterdam. Nous vou-
drions vous raconter une de ses fêtes les plus

célèbres dans le passé, c'est la réception faite par la ville à Marie de Médicis, par des décorateurs habiles et une foule enthousiaste en la ville aux mille canaux. Ce ne fut point dans ce décor d'hiver souvent reproduit par leurs peintres, où des boules brunes qui sont des Hollandais, courent au long 'de branchettes étayées et sèches sur l'air froid, qui sont leurs arbres d'hiver; mais par de beaux jours d'été quand de la verdure un peu noirâtre pare la campagne, si soigneusement découpée par l'atmosphère qu'elle donne raison aux plus détaillistes des peintres, ces jours d'été qui accentuent à la Hollande un de ses aspects, celui d'une arche énorme de jouets bien vernis. La ville d'Amsterdam se piqua de rendre de grands honneurs à une Médicis. Ne fallut-il pas leur âme passionnément égalitaire dans l'oligarchie pour qu'en cette capitale des marchands, ne naquît pas une dynastie semblable à celle des Médicis et le génie de Guillaume d'Orange pour mêler au berceau de la patrie des souvenirs de sang versé en commun par le pays et la dynastie? Notre document principal est ici l'histoire de

Marie de Médicis entrant dans Amsterdam, ou histoire de la réception faite à la reyne-mère du roy très-chrétien par les bourgmaistres et bourgeoisie de la ville d'Amsterdam, par Gaspar Barleus. Amsterdam chez Jean et Corneille Blaer CIƆ IƆ XXXVIII qui s'ouvre par un beau portrait de Maris de Médicis, assez épaisse, un œil plus petit que l'autre, l'air las et tassé sous de courts cheveux blancs, dans une robe à plis lourds éclairée d'une collerette et de manchettes d'un précieux point de dentelle. Elle est assise sous un dais fleurdelisé, à ses côtés sur un tabouret repose une imposante couronne, à la main elle tient un chapelet et d'un petit balcon ou balustrade qui s'étend un peu en dessous de son trône on aperçoit toute la ligne du vieil Amsterdam vu de l'Y et de l'entrée du port avec, au premier plan, une barre compacte de nefs et de voiles à l'horizon la Oude-Kerke, la Harengspakertoorn et infiniment de pignons pressés les uns contre les autres comme une série régulière de bonnets capricieux, d'une foule féminine extrêmement serrée. Gaspar Barleus qui est un humaniste redondant fait hommage de son œuvre aux très

nobles, très magnifiques, et très prudents
bourgmaistres de la ville d'Amsterdam : monsieur Antoine Vetgens de Waveren, chevalier,
sieur de Waveren, Bothschold, Rugervillis,
etc... Albert Conrad Burgh, cy-devant ambassadeur vers le grand duc de Russie; Pierre
Hasselaer, colonel de la gendarmerie de la
ville; Abraham Boom, cy-devant député au
conseil d'État de Hollande. Pourquoi ne pas
conserver les noms des potentats municipaux
qui organisèrent une fête qui fit époque, et se
donnèrent pour cela de si belles raisons, à
savoir que la ville d'Amsterdam s'enorgueillit
de recevoir cette fille, épouse et mère de roi,
mais aussi qu'elle se pique d'être une ville des
plus célèbres en marchandise de tout l'uni-
vers, renommée pour l'inviolable confédération
du commerce qu'elle entretient avec toutes les
villes de la terre ; et si Marie de Médicis possède et gouverne par elle-même ou ses enfants,
des pays d'où l'on peut naviguer, la ville
d'Amsterdam possède des flottes pour y aller.
La Reine embrasse le vieil et nouveau monde
par les sceptres de ses fils ou de ses filles:
cette ville abonde en précieuses denrées qu'elle

porte et rapporte de tous deux, étant comme la commune boutique de l'un et de l'autre. C'est, à l'état calme et sans tensions, le même état d'esprit qui se lèvera contre le Roi-Soleil, la même fierté tournée ce jour-là vers le besoin d'une hospitalité luxueuse et de soi-même affirmatrice (1).

Marie de Médicis arrive avec une maigre suite des provinces brabançonnes où elle a vécu quelques années. Elle est à Harlem, elle vient de s'y arrêter; la ville d'Amsterdam lui dépêche un ambassadeur pour lui offrir de la recevoir et l'invitant à se rendre à Amsterdam par mer en grande pompe. Mais la reine déclare opter pour la route de terre et déclare qu'elle partira par la chaussée du Fossé neuf qui arrive tout droit et sans détour à Amsterdam. Pourtant soucieux de lui déployer quelque faste maritime, les bourg-maistres ne se découragent pas, et embossent en son honneur, à la hauteur de l'hôtellerie du Cerf, là où il y a ces grosses et fortes

(1) A noter que cette réception est faite à Marie de Médicis pauvre et exilée, ce qui en augmente le caractère de quelque rareté.

écluses par lesquelles le lac de Harlem se décharge dans le Zuyderzée, une grosse flotte de ces belles barques qui servent à aller s'esbattre sur la mer entre lesquelles la Capitainesse appartenant à la compagnie des Indes Orientales; toutes sont tendues de belles tapisseries et couvertes d'un riche pavillon avec du canon à la proue et à la poupe; les voiles sont ornées, les mâts pavoisés de longues bannières de soie ou de fine toile. C'est ainsi, pense le chroniqueur, qu'Athènes a reçu son héros et ses capitaines; l'Égypte sa Cléopâtre; Rome, Aggripine; et Tyr, Alexandre le Grand qui l'avait vaincue.

Tant de cordiaux préparatifs ne décidèrent pas la Reine, elle objecte que ce sera peut-être un détour, puis que la face de l'air pourrait bien changer, enfin allègue que certaines personnes de sa compagnie craignent les ondulations de la mer. En prévision de ce refus et peut-être un peu narquoisement, les bourgmestres avaient pris leurs mesures et couvert le terrain d'une belle cavalerie, non gendarmes à gages, mais la fleur de la jeunesse d'Amsterdam « qui n'est point accou-

tumée d'aller à la guerre par le commande-
ment de Prince et de Seigneur, mais de bon
gré entretient des chevaux pour un honnête
exercice du corps et de l'esprit. » Ces jeunes
gens sont armés, uniquement, de l'épée et du
pistolet : les chevaux sont superbes, bais pour
la plupart, les autres noirs ou gris, il y en
avait aussi quelques-uns pies.

Après un joli compliment que récite à la
reine le chef de cette milice, Corneille de Da-
velaer, avocat et sieur de Petthem, le cortège
se met en marche, sur l'étroite chaussée séparée par un étroit polder d'une autre chaussée immédiatement battue par la mer et entre
les mâts pavoisés de la flottille négligée et
les grasses prairies couvertes de fermes et de
riche bétail, laissant derrière lui l'hôtellerie à
deux tourelles, et les nombreux moulins à vent
de la route de Harlem, s'en va vers Amsterdam précédé de trois trompettes vêtus
d'écarlate. Les jeunes gens se placent par
rang de trois, ajustés selon leur guise, de
satin, de velours ou de panne avec accoutre-
ments d'écarlate, brodés, mouchetés, la plupart ayant adopté pour habit de dessus, le

collet de buffle à la soldatesque; ils précèdent et suivent de beaux carrosses, surmontés de grilles dorées, attelés de quatre chevaux que guide un postillon sur le cheval de droite de la première paire, un cocher sur le siège et un valet de pied à côté des chevaux. Après eux s'étend en ligne l'encombrement des coches à bagage.

Pendant ce temps la ville ne perd point son temps. Elle dispose de vingt compagnies de ces gardes bourgeoises si décoratives dont les Van der Helst et autres maîtres excellent à nous montrer les joviales et décoratives réunions intimes ou de demi-apparat. Cette fois, armées les unes de la pique, les autres du mousquet, ayant casques et cuirasses, ou bien habits de velours noirs et larges feutres à plumes, habillées en somme à leur guise, mais tous s'étant efforcés vers le plus honnête équipage, ces compagnies se partagent la charge de faire la haie sur le parcours de la reine. C'est sur la nouvelle digue, au Dam, sur le Damrak, célèbre canal par lequel les eaux de l'Y se rendent dans la ville, un faste guerrier de quatre mille hommes, épandu. On a chassé du Damrak les bateaux de blé qui ont coutume d'y atterrir et sous le pont on garde secrètement des spectacles qui vont voir, soudains et acclamés, le jour. Toutes les fenêtres sur le parcours sont louées ou garnies. Mais sans doute, Marie de Médicis était d'humeur contrariante, ou quelque désaccord régnait entre les organisateurs, ou quelque désordre s'était mis dans les idées des cavaliers de l'escorte ou ils arrivèrent bien tard ; tant de milice et de nautisme furent inutilisés pour ce jour-là et le suivant, car la Reine entra en ville par ailleurs, non toutefois sans être vue et reçue par une acclamative curiosité, car toute la ville chômait ; rues, places, berges, toits, arbres, auvents, tout était chargé et surchargé de populaire ; certains s'étaient accrochés, au risque de se rompre le cou, aux antennes des navires.

En ce temps, bien des porches faisaient saillie hors la maison et une sorte de toit les couvrait. Ces porches, ces avant-toits qui souvent longeaient tout le rez-de-chaussée de la maison hollandaise, et surplombaient les boutiques d'une pente rapide, étaient noirs de monde ;

de peur d'accident, on les avait à la hâte
étayés de poutres; on avait préparé aux carrefours des gradins (on disait alors des théâtres) et des échafaudages (on disait des écha-
fauds) pour porter le peuple. A cinq heures,
la reine arrive à la porte de Harlem que deux
tours élégantes distinguent. Le canon tonne
et ponctue une harangue de Messire Corneille
Boom, après quoi le cortège se dirige vers la
place de l'hôtel de ville. Les carrosses allaient
fort lentement, car la marmaille, une marmaille vêtue comme les hommes, de grands
chapeaux et de larges souquenilles, se pressait
presque sous les roues, nonobstant les deux
haies de soldats citoyens, qui d'un côté tenaient
haut la pique devant leurs casques, tandis que
de l'autre, munis de beaux feutres et de capes
lustrées, ils présentaient le mousquet en l'appuyant sur la canne à fourche qui servait ou
bien eût pu servir de chevalet de tir. Là, à la
hauteur du Stadhuis, un bel arc de triomphe
était préparé, sur la cime un petit navire figurait tout gai et tout paré, les armes de la ville
d'Amsterdam; dedans étaient représentés deux
comtes de Hollande en armure du vieux temps

pour rappeler ceux qui avaient donné à Amsterdam ses privilèges.

Dans le compartiment du dessous était aménagé un théâtre, des rideaux s'écartèrent et l'on vit figuré le mariage de Marie de Médicis et Henri IV tel que le raconte de Thou, et qu'il se fit à Lyon, c'est-à-dire que le roi prit le temps de jeter sur son armure un manteau royal, de remplacer son casque qu'un page lui tenait tout auprès de lui, par une couronne laurée pour recevoir la bénédiction nuptiale. Les témoins d'Henri IV étaient de haute lignée mythologique, soit un Hercule vêtu d'une peau d'ours et Mars thracien dont le devoir était ainsi rempli de rehausser les pompes du Mars français. Quant à Marie de Médicis, c'était Pallas qui la menait aux autels. La reine fit tourner son carrosse pour regarder plus commodément jusqu'à ce que les rideaux retombassent sur le tableau, puis le carrosse s'engagea dans le cintre de l'arc de triomphe. Ce fut pour aller rue aux Herbes (Warmoestraat), on voulait lui montrer de suite cette ruche où les alvéoles étaient étroites et chères, où s'empilaient en petits comptoirs, orfèvres, joailliers, tapissiers, horlogers, lapidaires, armuriers, sculpteurs, apothicaires, marchands de soie, d'épices, ciriers, bref tous ceux qui comptaient dans la prudhommie financière de la cité et de là au Lisdel, puis vers un autre arc de triomphe où Marie de Médicis était elle-même représentée en attirail de Berecynthie, mère des dieux, sur un char attelé de deux lions et autour d'elle les dieux issus d'elles, c'est-à-dire Louis XIII le Juste, Henriette d'Angleterre, Gaston frère de Louis XIII, Élisabeth d'Espagne, etc... on s'était inspiré pour l'ordonnance du passage de Germanicus, entouré des siens, dans le triomphe qu'il mena à Rome pour avoir triomphé des Chérusques, des Cattes et des Angrivares, et ce char se dirigeait vers une belle nef bien adoubée sur la proue de laquelle se tenait une grande Vierge, qui symbolisait Amsterdam venant accueillir la reine et que suivaient les deux comtes de Hollande, donateurs de ses privilèges. De là, on mena la reine au Palais des Princes destiné à servir en ces occasions aux personnes royales; mais comme, en ces temps, il en venait peu à Amsterdam, l'amirauté y était installée. C'était un grand bâtiment sans grand caractère. Quand elle y fut entrée, les quatre bourgmestres sortirent de l'hôtel de ville « dont ils n'ont coutume de sortir, ni quand la ville est émue de joie, ni quand elle est troublée de tristesse », et se rendirent vers elle. Ils la trouvèrent sur une haute chaise qu'on avait arrangée en forme de trône et fleurdelysée à la façon de France et on lui fit discours. Le soir, la liesse de la ville voulait éclater en fusées dont les premières dépassèrent le faîte des tours, en lumière qui se mirant dans les canaux eût été douée des magies de gaieté subite et de mélancolie tremblotante et soudaine ; malheureusement la pluie gâta ces allégresses et sans doute renfonça les braves Hollandais soit en leurs maisons, soit au cabaret, vers les pintes pleines et les harengs nationaux, l'eau-de-vie de Dantzig, sans détriment des vins d'Espagne qu'ils accueillaient en bienveillance et pardon des grandes guerres passées ; même ceux qu'avaient rapportés certains navires de courses étaient particulièrement choyés ; on prenait aussi du vin chaud à la cannelle et naturellement au genièvre.

Le lendemain, on mena la reine visiter la ville et surtout la Maison de la Compagnie des Indes Orientales. C'était au dedans un amalgame curieux de palais et de magasins, de bazars presque où des galeries séparées par des treillis de bois servaient à empiler les arrivages; bureaux fastueux et halls encombrés se touchaient, on y voyait pendues des peintures retraçant la Chine et le Japon; les palais des rois du Japon et surtout, bien en évidence, les plans et la figuration peinte de la ville de Batavia, l'Amsterdam d'au-delà des mers, la ville-fille qui expédiait les richesses mûries par son soleil. On y voyait des trophées d'armes exotiques enlevées par les soldats de la compagnie et d'autres en faisceaux envoyées pour être vendues comme curiosités. Dans une cour dont avec soin, le pavé fut tapissé d'étoffes précieuses où sans doute grimaçaient les dragons et les chimères, où se démontraient l'habileté des ouvriers d'Asie Mineure et des Persans et des Indous de la vallée de Cachemire, on avait préparé une collation orientale, on avait surtout soigné un service pour les yeux composé de fruits de Perse, d'Arabie et de Japon, disposés en de nombreux bassins de porcelaine de Chine et de Nippon; puis exposé du poivre des deux espèces, long et rond, des muscades sous leurs trois aspects, dans leurs gousses ou enveloppes couvertes de fleurs, ou confites; des piles de bâtons de cannelle voisinaient avec des girofles près de l'éclat blanc du borax, près des benjoins odorants, près des soies naturelles en paquets lâches et gros.

Il y avait là du styrax, du musc, de l'indigo, de la canne à sucre, du sang de dragon, de la gomme laque, un somptueux échantillonnage des plus beaux produits que les carênes hollandaises apportassent à leurs quais patriaux; et pour la bouche une collection de mets orientaux que parfois on mange à Amsterdam sans bizarrerie, ni faste. Puis elle vit le Dam, le pont de briques à cinq arches, elle considèra à l'étage supérieur de la Bourse les cent échoppes où se négocient les précieuses marchandises, cordonneries, verreries de France et de Bohême et d'Italie s'irisant près des échoppes de merceries pleines de boucles précieuses, et de galons d'or et d'argent apaisant leurs reflets sur des den-

telles précieuses et négligemment accumulées.
En une heure et demie, dit notre auteur, les
paysans et les pêcheurs amenèrent, dans la
partie méridionale de l'Amstel, une sorte d'île
flottante, telle Délos, qui se trouvait tout auprès de la ville; on y dressa pour la reine,
un arc de triomphe en forme de pavillon. Elle
y assista à une fête nautique. Tout un carré
de maisons, et de quais s'emplit d'une foule
aux yeux innombrables, tandis que la rivière
se remplissait de barques. Il y avait des
hommes accrochés aux traverses des pilotis,
il y avait des barques couvertes de trompettes
qui sonnèrent joyeusement quand l'écluse
s'ouvrit et cracha juste en face la barque de
la reine, un Neptune à la barbe blanche, debout dans une coquille argentée qu'amenaient
des Naïades à la tête ornée d'algues vertes
et arrangées dans des layettes de bois qui
leur arrivaient aux épaules. Les trompettes
sonnaient encore quand le théâtre de l'arc
de triomphe s'ouvrit et montra en cinq tableaux l'allégorie de la France restaurée par
le bras vigoureux d'Henri IV; au premier tableau, la France est représentée par une

sphère dans laquelle le génie de l'Envie en-
fonce une torche enflammée, la Discorde et la
Guerre se tordent autour de ce globe. Au second tableau le globe est brisé en deux,
Vénus est arrivée et elle pleure, mais Mercure introduit Hercule auprès du globe brisé
et le dieu robuste en resserre les deux frag-
ments et, à coups de marteau, il en fixe à nouveau les pôles. D'autres tableaux disaient
l'histoire des Médicis, du moins la partie bien
royale. Enfin la reine, quoiqu'elle ait à plusieurs reprises laissé voir qu'elle n'aimait
pas beaucoup la mer, ce que les Hollandais
tenaient le plus à lui montrer, après avoir
près de cet arc de triomphe sur l'Amstel, assisté à des joutes nautiques, où des enfants à
coups de perches tâchaient de se faire tomber
à l'eau de deux barques ennemies, dut, par les
salves d'artillerie venir jusqu'à l'Y, jusqu'au
Port, assister au lancement d'un vaisseau de
la compagnie des Indes dont on lui offrit le
marrainage, passer parmi une foule de châ-
teaux à voile à plusieurs étages bien garnis de
canons, parmi des nefs ornées à la proue, de
tigres, de lions, de chiens de chasse, d'i-

mages du soleil et de la lune, de devises aux arabesques brillantes, et le moins possible, mais tout de même, un peu, approcher le Zuyderzée.

Puis on la remit à terre. Elle trouva toute prête l'escorte de cavalerie qui l'avait amenée et qui se groupa autour de son carrosse. Elle retrouva devant le bâtiment de l'hôtel de ville les bourgmestres inclinés, le chapeau contre leur cœur qui lui souhaitèrent toutes les prospérités; et les carrosses suivis de cavaliers, escortés d'un peuple d'enfants disparurent par la porte de Harlem tandis que derrière eux la fête continuait et, de par l'exubérance hollandaise s'allumait en kermesse, car il est dans le tempérament des Amsterdammois, d'être aussi largement libres quands ils s'amusent pour leur compte que graves et presque religieux quand ils fêtent quelque solennité.

CHAPITRE IV

LES PONTS

LE PONT-NEUF. — LES FIGURANTS DE LA RUE

Emblème de gaité, symbole de solidité, orné par la présence en effigie du plus populaire des rois, le Vert Galant, dont la forme de bronze, fière tout de même, se traduit dans les yeux en ce masque hilare et railleur de soudard amoureux, roi si populaire qu'il a laissé de sa trace dans le Polichinelle qui tue tout le monde et bat tout le monde, même l'exempt et le commissaire, et dans le Don Juan toujours aimé, toujours indemne jusqu'à ce qu'il rencontre la main froide du fanatique qui ne pardonne ni à la vaillance, ni aux grâces, le Pont-Neuf est aussi le plus populaire des ponts. Henri IV, le type du vaillant, du cadet de Gascogne, du héros fort comme les héros de Dumas,

tous modelés sur lui, personnage dont la réper-
cussion s'exerce encore sur les succès de nos
théâtres à travers les héros guerriers, fantai-
sistes et sentimentaux qui y cueillent des lauriers scéniques, dure encore en sa silhouette
familièrement héroïque; et mystificateur après
décès de statue, ou plutôt bris de statue, il
contient dans son bras droit un petit Napoléon
et dans le ventre de son cheval des brochures
ironiques contre ses descendants trop affiliés
aux congrégations; il est bien à sa place sur
le pont où s'échangèrent après lui tant de
gaillardises, où se lancèrent tant de lazzis,
où s'échangèrent tant de coups de batte et tant
de bottes secrètes; son pont, au demeurant,
puisque c'est lui qui l'a terminé. Il y avait
prédestination; lorsque Pantagruel vint à Paris,
il habita tout auprès de la place future de ce
pont, à l'hôtel Saint-Denis sur l'emplacement
duquel on admire maintenant la rue Dauphine
et la rue Christine. Au temps où l'on pensa
à construire ce pont, il n'existait entre les
deux rives de Seine dans un large rayon, que
le Pont au Change et le Pont-Saint-Michel, de
sorte que le Louvre et les beaux quartiers de

Paris, alors la rue de Seine, la rue Git-le-Cœur et les rues avoisinantes du côté de la porte Buci étaient en face l'un de l'autre sans pouvoir communiquer autrement que par batelets.

Et cette batellerie, d'abord soumise à de rudes ordonnances, lui interdisant de passer qui que ce soit dès le crépuscule, en plus sujette à de singuliers laisser-aller, motivés par des pourboires, de sorte qu'un des meilleurs moyens de se débarrasser d'un gêneur ou d'un créancier était de l'attirer en barque et de payer le batelier pour atterrir non au Louvre ou à quelque quai habité, mais au Pré aux clercs où bien des choses étaient possibles, n'inspirait nulle confiance si elle offrait peu de commodités. M. Édouard Fournier, qui sur l'histoire du Pont-Neuf est un classique, démontre qu'en 1704 seulement, il y eut pour les gens de cour, un batelier à privilèges qui pouvait les transporter d'une rive à l'autre à toute heure. C'était le temps d'ailleurs, où Paris n'était, le soir, éclairé par rien que par les lampes suspendues sous les Madones, les lampes expiatoires comme celle qui si longtemps fut entretenue au lieu où mourut sous les coups de Jean sans Peur, Louis d'Orléans, et les lampes de confrérie, luminaires pauvres sur la rue tortueuse; il était ultra-dangereux en hiver, passé quatre heures de l'après midi de se promener dans les rues. En surplus les temps étaient troubles qui entourèrent la Saint-Barthélemy et en dehors même des grands jours de la religion, des grandes convulsions de la Ligue, au temps ordinaire, les guerres civiles du temps n'augmentaient guère la tranquillité de la rue. Le Pont-Neuf était un repaire de brigands religieux ou du moins arguant parmi leurs raisons d'être, de la religion.

Henri III avait confié à Jacques du Cerceau le soin d'édifier ce pont, Germain Pilon le devait décorer; les travaux furent abandonnés lorsque déjà des piles étaient dressées et que même le roi avait pu un jour y passer sur un tablier de planches à la hâte disposées. Durant les années où on n'y travailla pas, il arriva que des gens qu'on disait Irlandais et qui l'étaient sans doute, Irlandais catholiques réfugiés en France depuis le schisme Anglais, s'installèrent dans ces maçonneries interrompues, occupèrent des creux dans les piles inachevées. Espagnols et Irlandais foisonnèrent alors à Paris, les uns comme garnisaires, les autres comme mercantis, spadassins, et tire-laine. Les Irlandais avaient coutume de s'embusquer dans les cavités des piles du pont, de tirer les passants par le pied et de les jeter à la Seine après les avoir dévalisés. Aussi lorsque Henri IV se fut débarrassé de la garnison espagnole il n'hésita pas à se débarrasser aussi de ces Irlandais ; on les embarqua sur de grosses galères qui partirent, dit-on, pour les ramener en leur pays. Au fond, on les laissa simplement descendre la Seine à la dérive, sans trop s'inquiéter de ce qu'ils deviendraient. Henri IV parmi tous ses soucis avait certainement celui d'améliorer le séjour de sa capitale, or, pour sortir du Louvre et passer sur la rive adverse où tant d'hôtels déjà s'érigeaient, il fallait traverser ce qu'on appelait la Vallée de misère, affreux cloaque partant de tout auprès de Saint-Germain l'Auxerrois, sorte de rue Galande et place Maubert redoublées, pleine de canaille dangereuse et de coupeurs de gorge professionnels. Jacques du Cerceau n'était plus là pour reprendre sa besogne. Il s'était retiré, en province pour y vivre en bon huguenot, après avoir pour le compte du roi Henri III décoré bien des couvents et des églises ; ce furent Guillaume Marchand et Petit qui le terminèrent en trois ans. L'ensemble des modifications fut que le pont serait fait, que la place Dauphine et la rue Dauphine seraient faites sur l'emplacement d'un îlot où se trouvait le jardin du roi, et à travers les jardins d'un cloître d'Augustins, et que la Vallée de misère serait refoulée de la Seine par la constitution du quai des Orfèvres où vingt-sept logis avec boutiques et auvents assez élevés pour abriter de la pluie un cheval et son cavalier seraient préparés pour ces joailliers si bien placés tout auprès du Louvre. La place Dauphine fut destinée à devenir une place à la mode. C'était tout un quartier Henri IV qui allait surgir et participer à la splendeur du règne. On n'établit pas de maisons sur le pont comme c'était la coutume, c'était une façon gothique que le retour aux modes classiques de la Renaissance païenne, balayait. On songea, en se conformant à l'idéal de cette Renaissance, à placer à chaque tête du pont un arc de triomphe, puis on y renonça. Ce que l'on

conserva du passé, ce fut l'habitude de donner
quelques supplices sur les placettes de chaque
côté du quai, en face du pont, car c'était là des
endroits fréquentés, où le bon exemple devait
sûrement porter, et d'ailleurs nulle part
ne pouvait se trouver une clientèle si intéressée à se rendre un compte exact de ce
qu'était le pilori, les étrivières, l'estrapade et
toutes cérémonies similaires. Si l'on pense que
d'après des calculs que nous croyons approxi-
matifs, mais produits pourtant par de bons
statisticiens, on évalue sous Louis XIII le
nombre des coupe-jarrets à environ dix mille,
à ce temps, où la mode était telle d'aller arracher les manteaux aux passants que Gaston
d'Orléans, Monsieur, la créature la plus timide
de son temps, s'y conformait, on verra que
jamais une assistance intéressée ne devait
manquer à ces lugubres jeux publics. Cela ne
diminuait pas trop la gaîté du milieu, ni les
lazzis des ambulants, et les farces des para-
distes bannirent même le souvenir de ce nom
de Pont des Pleurs, qu'avait voulu lui donner
le populaire, en souvenir de la très triste mine
qu'avait fait en une ancienne et surérogatoire

cérémonie inaugurative, Henri III qui le jour même avait rendu en l'église Saint-Paul, les derniers devoirs à la dépouille mortelle de son cher Quélus et de son cher Maugiron.

Ce fut un certain temps, sur ce pont, sous la présidence de la statue du feu roi Henry, un spectacle si moderniste que seuls, les actuels boulevards avec leurs encombrements en pourraient donner idée. Si maintenant nous sommes poursuivis par les vociférations de ceux qui courent jeter à la foule les résultats des courses, et les annonciateurs des fausses nouvelles du soir, si nous sommes à tout moment irrités par le camelot qui fait marcher le phoque mécanique, celui qui extirpe un éventail de l'enveloppe d'un cigare géant, et celui qui gîte cet éventail dans l'aspect d'une énorme clé ; si nous sommes gênés par ceux qui crient le libelle et obstrués par les badauds qui y apportent de l'attention, les contemporains de Louis XIII, outre les tire-laine, ancêtres de nos pickpockets, se heurtaient à des kyrielles de vendeurs d'allumettes, d'arracheurs de dents, de crieurs de poudres merveilleuses pour détruire les souris et les rats, de vendeurs d'herbes magiques ou autres. De six heures du matin à six heures du soir la circulation y est touffue et le malandrin y fleurit ; avant et après il y court grand risque, car on pend assez facilement en face le cadran de l'hôtel de ville. C'est aussi, à l'heure permise par les règlements de police, toute une efflorescence de poètes crottés, les Colletet, Maillet, Motin, Magnon qui y trouva la mort un beau soir qu'il s'était hasardé sur le pont trop ou pas assez solitaire. Là se rencontrent aussi les filles folles et sous quel prétexte, celui de chanter des chansons.

Les auteurs sont là tout prêts, assis sur le socle de la statue du roy, qui est là, au milieu du pont. Plus tard on l'entourera d'une grille, à cause de privautés extraordinaires que vers le soir le populaire prend avec ce socle.

Sur ces chansonniers et ces filles chantantes, Tallemant raconte une charmante histoire. Il s'agit de Maillet qui fut un pauvre sire, un hère, joignant les aspects du capitan, la fierté de l'hidalgo, la morgue qui convenait à un seigneur aventurier et à un fils de Phébus ; Maillet, qui attendait presque l'aumôme à l'ombre de la statue du Roy, en rêvant à ses œuvres, à ses chansons et à sa faim. Maillet, un jour, voulut faire monter les prix que l'on donnait, faire hausser le cours de la chanson. Il n'y avait point, à cette heure, entre les créateurs et les interprètes, d'éditeurs ou d'agents dramatiques. Les rapports étaient directs et le prix fixé par l'usage, c'était un écu de trois livres. Or Maillet voulait davantage; il promit à une chanteuse de lui donner pour quatre livres la chanson la plus belle et la plus éclatante, la plus fastueuse, la plus digne de renommée et la plus susceptible de triomphe. La femme accepta, paya, chanta et n'obtint aucun succès. Le subterfuge de Maillet avait été d'accumuler en cette chanson tout ce qu'il y a de plus splendide et brillant, l'or, le soleil, les étoiles, et avait posé cette riche broderie théorique sur un fond quelconque. La chanteuse, désolée de son insuccès, réclama la restitution de son argent sans doute déjà serré en la caisse de quelque Pomme de Pin ou de cet écu de France, rue de la Truanderie, qui assumait la pire réputation parmi les cabarets. C'était pour la

chanteuse la perte de ses quatre livres puis des
frais d'impression de cette chanson dont elle
ne pouvait vendre les malencontreux exem-
plaires. Elle menace le poète d'un procès.
Maillet avait-il la certitude de le perdre, ou
redoutait-il d'entrer en pourparlers avec la
justice sur quelque point initial que ce fût?
il alla trouver Gombaud, un des maîtres du
sonnet, un arrivé, un poète de cour, un poète
mis avec luxe et lui conta son cas. Gombaud
vint et arrangea l'affaire, en donnant un écu
à la chanteuse, le prix d'une chanson ordinaire, celui qu'elle n'eût pas dû dépasser; et
sans doute ce qui décida la chanteuse à
accepter, ce fut qu'au prix d'une petite perte
elle rétablissait l'ancien état de choses qu'elle
avait imprudemment compromis : la chanson
à un écu.

C'était aussi sans doute le prix qu'en donnaient les libraires.

Auprès de la Samaritaine, où était sculptée
l'anecdote de la femme versant à boire au
Christ, auprès d'une horloge pour l'heure et
le temps, et un carillon et un crocheteur qui
placé au-dessus de l'horloge frappait l'heure

sur une cloche avec un marteau, les bouquinistes, malgré les protestations des libraires en boutiques, multipliaient leurs éventaires. C'était là le musée des pamphlets, le palais des mazarinades et des caricatures dont les Espagnols, l'ennemi héréditaire d'alors, faisaient les frais.

On pourchassa ces vendeurs de libelles, ils revinrent. Après chaque grave ordonnance qui les proscrivait, ils revenaient timidement, puis en nombre, puis en foule, et les nouvellistes s'y rendaient lire les gazettes, les commenter et les fournir de toute leur imagination, avec loisir et émulation.

Mais ce n'était point là l'attraction principale au Pont-Neuf. A ce moment la statue du roy et sa grille étaient bien au milieu du côté qui regarde Passy, à qui la statue tournait le dos. Sur le côté opposé se pressaient les escamoteurs, les vendeurs de tout, les montreurs de singes et surtout les charlatans. Il y eut ce farceur qui, dentiste, osa prendre pour devise :

Uno avulso, non deficit alter.

Carmeline, qui, vêtu de damas à ramages, orné d'un grand sabre inutile, mais muni d'une terrible pince, opéra près de l'extrémité du pont, vers l'arrivée de la rue Dauphine.

Il y eut le Savoyard, un aveugle musicien, nomade errant qu'on entendait au Pont-Neuf et que d'Assoucy rencontra en de lointaines provinces, il y avait surtout Tabarin et son rival Désidério des Combes, son rival malheureux d'ailleurs, car la gaîté de Tabarin raflait tout.

Une vignette du temps nous montre le tréteau. Mondor est vêtu en gentilhomme, il portait l'ajustement de couleur noire, et la barbe longue: il avait, dit-on, les traits réguliers et l'aspect respectable sinon un peu pédant. Tabarin avait une cape courte, une jaquette ample (le tabar), des vêtements dans le genre de ceux du Gilles; une batte et un chapeau de feutre blanc comme celui du Pierrot italien, mais de feutre flexible et si ductile qu'il lui faisait prendre toutes espèces de formes en y ajoutant toutes sortes d'histoires et en faisant issir autant de paraboles qu'il savait lui communiquer d'aspects. Il est

possible que la plaisanterie molièresque d'A-
ristote sur le chapitre des chapeaux provienne
de Tabarin. On reprochait fort à Molière
d'ailleurs l'influence qu'avaient exercée sur
lui, acteur et auteur, les pitres à la mode
depuis Gaultier Garguille; on lui reprochait
d'aller les voir. Au fond n'était-ce pas avec
eux qu'il luttait? et le peuple de Paris n'avait-
il pas à choisir entre les deux rires? et le sac
de Scapin n'est pas si loin qu'on pense du
chapeau et de la souquenille de Tabarin.

Près de Tabarin, sur son tréteau, se tient
son Marocain; si Tabarin est le valet de
Mondor, le Marocain est le valet de Tabarin.
Tous les opérateurs ont un Marocain, un valet
qui est un faux nègre, sans doute il était
ainsi apparent que c'était une sorte d'esclave.
On a remarqué que l'opérateur du *Roman
Comique* de Scarron n'a point un Marocain,
mais une Marocaine, c'est à dire une servante
qu'on noircissait avant la parade, c'était signe
de misère ou tout au moins de chétives
affaires, et d'un opérateur provincial. Tabarin
avait, lui, un Marocain, et, en plus, Mondor
disposait de deux joueurs de viole. Les éru-

dits sont en désaccord non sur le rôle, mais sur la personnalité de Tabarin. Il est vrai qu'il apparaissait le valet de Mondor, mais si une école prétend que non seulement il le paraissait, mais encore il l'était, une autre école répond que le paraissant, il jouait simplement un rôle et qu'il était en réalité l'associé de l'opérateur.

Les avis divergent aussi sur son sort; une histoire, que d'aucuns traitent de légende, dit qu'il mourut de mort violente après avoir toutefois tué sa femme qu'il surprit en galanterie, des documents différents lui assignent une autre destinée; il se serait enrichi, puis retiré à la campagne. Les hobereaux, ses voisins, irrités de sa morgue, ou jaloux de sa fortune l'auraient attirés dans une querelle, où il tira l'épée et se fit tuer. C'eût été un beau chapitre du Roman Comique que cette fin de Tabarin, peut-être méchant et spirituel (quoiqu'après fortune faite) comme la Rancune, mourant sous les coups des Ragotin et des la Rappinière de sa province ligués contre lui. Ces deux fins sont bien tragiques et dignes d'un homme comme lui. Mais il n'est point fâcheux que sur lui comme sur de plus grands plane quelque mystère. Bref, durant de longues années, il fut la joie du Pont-Neuf, c'était à cause de lui que les commis ne revenaient pas de leurs courses, que les laquais porteurs de billets s'arrêtaient malencontreusement, il soigna la rate de ses contemporains par le rire, et sans doute leur fut moins funeste que Mondor avec sa triacle (thériaque). Ce qu'on vendait à l'appel de cette turbulente gaîté, c'était des calmants pour les brûlures et aussi du contre-poison, et des opiats pour les dents gâtées (en ce temps de Brinvilliers, le contre-poison devait trouver certainement des amateurs), de l'orviétan, contre tous les maux, c'était aussi du rire. Tabarin laissa une trace ; son successeur auprès de Mondor, Padel n'en laissa pas. Tabarin dépassa tous ceux qui s'exercèrent dans son genre. Quel contraste entre cette gloire et l'oubli où tomba son rival, Grattelard, le baron de Grattelard, valet de Desidério des Combes. Si Grattelard tremble des épaules au seul souffle railleur de Tabarin, Mondor surplombe Désidério encore que celui-ci ait tenté d'étonner

le peuple et par les artifices de son étal où se
trouvaient force vipères enfermées dans des
bouteilles, et par son appareil personnel, car
pâle, majestueux pour ainsi dire, drapé d'une
barbe énorme, il portait, suspendus à une chaîne
d'or, les portraits des souverains de toutes les
parties du monde, sur sa tunique écarlate.
Barry, qui fut, selon Fournier, le successeur, et
selon Fournel le prédécesseur de Tabarin (les
textes prêtent à discussion), fut surtout fameux
par sa vie héroïque. Avant d'être notoire à
Paris, il fut fameux à Rome, où d'un théâtre
érigé place Navone, il guérit tous les Romains
et barra la route à une épidémie terrible; en foi
de quoi le Pape lui fit don d'une médaille d'or
avec des louanges en exergue; et il fut recherché à Falaise, où il demeura longtemps à son
retour de Rome, avec deux belles Romaines, la
Colombini et la Marini dont l'une tenta de l'em-
poisonner par jalousie et l'autre de le dévaliser
sans doute par le même motif. Barry essayait
le poison sur des chiens, préludant en ceci
à des usages vraiment scientifiques. Il arriva
une fois que le chien mourut, Barry avala le
poison, mais grâce à son antidote n'en fut

que très malade et seulement quatre jours.
Ce poison lui venait d'une de ses belles Romaines, et sa guérison fonda sa réputation. Il fut
populaire à Paris ; mais le seul qui soit arrivé
à un peu de la même gloire que Tabarin, ce fut
Hyeronimo Ferranti, d'Orvieto (dont le composé à base de thériaque prit le nom d'orviétan)
Ferranti qui se brûlait les mains jusqu'à ce
qu'elles fussent couvertes de cloques et se les
guérissait en deux heures.

Toutes les belles choses sont soumises à la
décadence ; à la parade tabarinique, succédè-
rent les complaintes du cocher de Pertha-
mont, complaintes tristes, simples, bêtes à
pleurer, plaisir de laquais et non plus de bons
bourgeois de Paris et à la baraque de Tabarin succéda un je ne sais quoi, plus luxueux,
mais bien moins important par les dimensions
par le style, par la distinction, quelque chose
comme une table montée sur roues, où l'on ac-
cédait par un escabeau de cinq marches ; de
cette table montaient six piliers minces que sur-
montait une sorte de dais. Sur cette table, il
y avait un fauteuil et à côté l'illustre Thomas. Mais l'illustre Thomas ne guérissait plus

comme Mondor, d'abord l'hypocondrie, puis toutes les autres maladies. Thomas n'excellait que contre tous les maux dérivés des canines, des incisives et des molaires; il guérissait par le fer, et comme il était fort robuste, il arrivait que parfois Thomas enlevait de son siège, le patient au bout de son bras formidable. Il fut, quand il se déplaça, un brillant ornement de la rue; et voici quel était, lorsque, pour les dimanches, il allait opérer aux fêtes de Versailles, son costume et son cortège : d'abord venait un tambour, puis un trompette, puis un porte-étendard; ces trois estafiers le précédaient, à côté de lui marchaient un tisanier et un pâtissier. Lui-même s'avançait, soit sur un char d'acier, soit juché sur un cheval dont le rouge harnachement était tout orfévré de dents enfilées. Sur la tête de Thomas, une mitre énorme d'argent massif surmontée d'un globe, d'où s'élançait un joyeux coq chantant, sur le retroussis au-dessus de son front un soleil d'or rayonnait un *Nec pluribus impar*. Son habit écarlate, coupé à la turque, étincelait d'un plastron d'argent écartelé d'un soleil et d'une profusion de dents et de mâchoires intercalées avec de fausses pierreries du Temple. Ce si décoratif personnage était connu sous le nom familier du gros Thomas. Il donna à la rue des aspects nouveaux, comme, par exemple, ceux de grandes frairies, sur tout un côté du Pont-Neuf, où il tenait table ouverte en plein vent, à tout venant, certains jours de munificence. Sous la Régence, bien que l'ordre régnât depuis longtemps sur le Pont-Neuf et que le temps des spadassins eût rejoint les souvenirs de la guerre de Cent ans, il régala Paris d'une petite émeute et voici comment : c'est Piron qui en fut témoin. Thomas voulait fêter Paris ; d'abord durant quinze jours il arracha les dents gratis, puis pour terminer, il avait organisé près de la grille de la statue du roi, un repas de six cents cervelas pour son bon peuple de Paris. Des fenêtres étaient louées pour voir cette fête de malandrins. Le lieutenant de police, empêcheur de s'amuser en long, fit défense de servir le repas et défense à Thomas de se montrer de la journée sur le Pont-Neuf.

Le pauvre charlatan obéit et dévora sa tris-

tesse en sa maison de la rue Guénégaud. Mais
les miséreux, qui s'étaient promis une lippée,
ne furent pas contents et vinrent s'attrouper
devant chez lui, lui reprocher ce qu'ils appelaient un manque de foi, l'abreuver d'insultes
et puis de pierres, si bien que Thomas assiégé,
dut faire, comme toutes les garnisons pressées
de trop près, effectuer des sorties, le gourdin à
la main, et c'était un colosse d'une force hercu-
léenne; il triompha et tint en respect une foule,
mais c'était un coup mortel à sa popularité et
il triomphait de lui-même et avec déchirement.

Avec lui finit, et finit en pleine décadence de
couleur et de pittoresque, la belle période du
Pont-Neuf. Il était détrôné par le succès toujours croissant des foires. Tant qu'on n'avait
fait qu'y vendre, cela ne gênait pas absolument le Pont-Neuf, mais depuis le temps de
Louis XIV, non seulement on y vend et on y
montre des curiosités, mais le théâtre s'y
transporte et les vrais successeurs de Tabarin,
c'est, en un ennoblissement, Lesage, Fuzelier
et d'Orneval; c'est Piron et tous ceux qui à
la foire Saint-Germain agitent les marionnet-
tes et font chanter les bouffons.

De même que les pitres du temps héroïque,
avaient été remplacés par de vulgaires goua-
leurs, les spadassins que fit fondre le soleil de
Louis XIV furent suivis aux mêmes enseignes
de beuverie et de stationnement par des gens
d'épée bien différents. Après César, ce fut Lari-
don, c'est-à-dire que les racoleurs et les sergents recruteurs vinrent traiter leurs affaires
juste où les spadassins concluaient les leurs,
vers la Vallée de misère et le quai des Orfèvres.
Le chapeau en arrière, le bouquet sur l'oreille
figurant la gaîté excessive et un Bacchus
joyeux, les sergents du roi faisaient grand
tapage auprès des naïfs campagnards venant
chercher fortune, ou, par des récits belliqueux,
essayaient d'accentuer le courage des malandrins errants sur les berges de Seine et de les
faire passer du service de Mercure et de la Bellone nocturne des ruelles, à celui du roi. On
connaît les marchés de dupes que les racoleurs faisaient conclure et ce n'est point le lieu
de rappeler ici autre chose que la présence,
parmi la foule gaie et vive du XVIII siècle,
du sergent la Ramée ou du sergent Francœur,
ivrognes et rodomonts, et matois et jaloux.

L'art se représentait place Dauphine aux processions, par les magnifiques reposoirs des orfèvres qui les paraient toujours de belles tapisseries et de tableaux et à la fête Dieu : c'était aussi le salon des refusés du temps, qui avaient une journée pour se faire connaître, louer et acheter. On sait que Watteau et Van Loo en profitèrent, et le souvenir du plus français des peintres s'unit un instant à celui du jovial endroit dont le nom signifie des chansons qui furent vieilles de bonne heure, mais qui avant un temps, tout de même, furent neuves.

CHAPITRE V.

LES FOIRES.

Actuellement, la foire, c'est un endroit joyeux où l'on joue du mirliton, où l'on achète du pain d'épice ; il y a des balançoires, des chevaux de bois, des hercules, des cirques et des orgues furieuses, et des pétards et de l'électricité en grands phares blancs rutilants et stupéfiants. Les Parisiens, actuellement, ne savent pas au juste si l'on doit dire la fête de Neuilly, de Montmartre ou de Saint-Cloud, ou bien la foire de Neuilly, de Montmartre et de Saint-Cloud, et cette incertitude, si elle n'exhausse pas la renommée de leur érudition, flatte leur réputation de bon sens ; car ces fêtes n'ont plus de forain que le nomadisme de leurs protagonistes et dans une autre acception, la grossière banalité de leur joie et de leur musique. Déjà, au siècle dernier, les Parisiens qui se transportaient à l'Étoile (comme ceux d'aujourd'hui pour le retour des courses ou de la promenade du Bois) pour voir le retour de la Foire de Bezons, auraient pu être pris de la même incertitude, car c'étaient des masques qu'ils voyaient passer; des masques XVIIIe siècle qu'on peut se figurer comme de grands Watteau marchant et dansant, si l'on y met infiniment de bonne volonté. Beaucoup devaient être crottés, car une des plaisanteries les plus familières aux gais masques de Bezons était de se chavirer les canots et de s'induire réciproquement à des bains froids redoutés mais imprévus et consacrés par l'usage. Déjà ce n'est plus la foire, c'est la fête, l'amusement, tel quel, reléguant le commerce au second plan. Mais il y avait encore à Paris d'autres foires dignes de ce nom, moins toutefois qu'aux temps précédents. La foire, d'ailleurs, décroit d'importance dans la vie du monde civilisé, en raison du progrès de la civilisation, ou au moins de l'agrandissement d'une de ses facultés, celle de transporter rapidement marchands et marchandises d'un point à un autre.

Sans remonter au déluge, indiquer que les Tyriens et les Carthaginois procédaient par comptoirs permanents, que les Athéniens avaient eu le Panégyris, une fête quinquennale qui avait bien les aspects d'une foire, que chez les Romains, les neuf jours (1), d'origine agricole, avaient pris sous l'Empire les aspects d'une foire cosmopolite, on peut rattacher les foires françaises, occidentales, à l'habitude des marchands de Byzance d'expédier des caravanes vers les pays francs, par la voie de terre, jugée, malgré tant d'inconvénients, moins périlleuse et incommode que la maritime. Il y avait pour cette correspondance entre l'Orient et l'Occident des dates presque religieuses, annoncées à l'avance et sans doute des montreurs d'animaux et peut-être des hérésiarques, se joignaient aux délégués des marchands pour atteindre avec eux les Alpes, l'Helvétie et déboucher en France soit par Lyon, soit par Strasbourg, selon l'inclinaison qu'ils voulaient donner à leurs parcours. De là, par les fleuves et les routes romaines, celles qu'avaient conservé dans le Nord austrasien Brunehaut et les évêques dans le Centre et le Sud, les mar-

(1) *Nundinum.*

chands par groupes se répandaient dans le
pays. Ils arrivaient à leurs risques et périls;
périls moindres qu'on ne pense si l'on réfléchit
que la première foire à Paris, au Passel Saint-
Martin, est préparée par Éloi au bénéfice de
l'abbaye de Saint-Denis et protégée par Dago-
bert dont les armes allèrent jusqu'en Bohème
et par les vassaux Bavarois en Tyrol, c'est-à-
dire aux confins de l'Empire d'Orient, là où la
protection impériale faisait défaut aux pion-
niers de l'échange. C'était, de la part des rois,
mettre l'épée au service de l'Église et lui assurer des redevances que de lui protéger ceux
qui venaient commercer lors de la régulière
et même annuelle exhibition d'une relique (1).

Les foires et quelques ports francs furent
les grandes places d'échange international
pendant tout le moyen âge et même jusqu'au
XVIIIᵉ siècle. Les souverains les protégèrent
de préférence à tout commerce maritime, et
sauf Jacques Cœur, qui traita avec le Soudan
d'Égypte pour la navigation maritime, et François Iᵉʳ qui traita avec Soliman, jusqu'à Ri-

____

(1) Chassignet. *les Foires.*

chelieu ce fut la voie de terre qui obtint
l'appui des économistes admis et de leurs
reflets en matière de finances, les Rois. La
foire, quand elle devint un phénomène régulier engendra l'étape. Certaines villes s'étaient
arrogé un droit d'étape, c'est-à-dire que les
marchands qui les voulaient traverser pour
se rendre vers quelque plus grande cité, ou
vers celle de la foire du moment, devaient s'arrêter un certain laps de temps fixé par ordonnance, et exposer en la ville traversée toutes
leurs marchandises. Ainsi les drapiers de
Londres débarquant à Calais devaient y faire
étape. D'un autre côté, les villes foraines
exigèrent du marchand qu'il leur réservât la
totalité de sa cargaison; il y eut de ce chef
des tiraillements que le plus souvent réglait
le pouvoir royal. Les foires de Champagne
jouirent d'une belle réputation; comme il y en
avait six, à Lagny, à Provins, à Troyes qui
était favorisée d'une foire chaude en été et
d'une foire froide en hiver, c'était à vrai dire
une foire permanente. Autour du commerce
actif de drap qui décidait les Champenois à
ouvrir ces carrefours de foule, tout le monde

occidental s'empressait. A Paris, le Lendit voyait la montre de l'Université; c'était le grand marché de parchemin. La plus pittoresque et la plus colorée fut peut-être celle de Beaucaire, à cause du pays chaud et doré où elle se donnait, à cause d'un grand concours de Méditerranéens (au temps des splendeurs de la foire de Beaucaire, les Provençaux y virent plus de trois cent mille personnes, sans qu'on les taxât d'exagération) parce qu'elle était très courte et qu'il fallait se hâter, et que, commerçante le jour, la foire était le soir résolument un lieu de plaisir. La foire remplissait d'abord la ville, c'était la seule industrie des gens de Beaucaire de posséder des locaux et de les louer pour cette période. Les mercantis se servaient de n'importe quel étal. Les bancs de pierre qui, selon la coutume du pays, permettaient aux citadins de prendre le frais le soir devant leurs maisons étaient loués. Non seulement toute la ville était envahie par le négoce, mais encore les prés de la Magdeleine, vaste espace qui s'étendait au bord du Rhône se hérissaient de baraques légères. Sur le fleuve, en nombre les felouques, les pinques, les barges servaient de domicile à une foule de forains. Les banquiers et les changeurs, les gros négociants d'huile, de figues, d'amandes, gens de Provence vendaient dans la ville. Au centre, les banquiers et les changeurs; puis comme par rayons et par genre de denrées, les gros marchands; la plaine contenait les menus commerces et les jeux de saltimbanques. Par la disposition des baraques réunies, par de gigantesques enseignes de toiles de couleurs tendant sur une corde horizontale des noms de négociants avec leurs promesses, on avait tenté de rappeler les bazars orientaux. De place en place, de grands mâts supportaient des étendards qui annonçaient des spectacles.

Le 21 juillet au soir, à la lueur d'un grand étincellement de flambeaux précédé d'une musique nombreuse de fifres, de cymbales, de trompettes, précédés eux-mêmes d'un héraut vêtu de la dalmatique, les consuls de la ville, à cheval, la tête couverte du chaperon, suivis de la milice parcouraient la ville, et à tout carrefour plein d'une foule gaie et bariolée, le héraut lisait l'ordonnance royale qui approuvait la foire et le règlement municipal qui en fixait la police. Et c'était ce soir là, comme tous les soirs de la foire, grand amusement aux prés de la Magdeleine. Il y avait des courses provençales, toute une tauromachie amusante et sans effusion de sang, il y avait de gaies et longues farandoles qui glissaient sans cesse, perpétuellement recommencées entre les massifs de boutiques. La foule bigarrée des Catalans, marchands de mules, des Italiens qui avaient apporté des soieries, des épices, des dragées, de la parfumerie, les Levantins vendeurs d'armes damasquinées, de tapis, toutes les faces basanées du Midi regardaient les septentrionaux, les Norvégiens, les Allemands, les Hollandais qui venaient vendre des sardines, des harengs, de la morue, des salaisons; des Français du Nord vendeurs de velours, de laine et de drap comme aussi les marchands anglais. C'était certainement par le contraste des costumes et le cosmopolitisme des assistants, la plus picaresque et la plus sonore des foires. Parmi les pays du Nord, la foire de Falaise dite la Guibray parce qu'elle avait lieu sur une grande place carrée, au faubourg de Guibray, fut des plus populaires.

Une estampe de François Chauvel, dédiée au marquis de Thury et de la Mothe Harcourt, comte de Croisy, nous la montre, au début du grand siècle, grouillante de foule. Le faubourg s'étend de sa grande église Notre-Dame-de-Guibray, jusqu'à une petite sous l'invocation de Saint-Georges, en rues assez correctes, aboutissant de droite et de gauche, à des espaces d'herbages gras et de fermes clairsemées. Des chariots remplissent de leur passage, la rue de Falaise, la rue du Pavillon, sans doute, durant le restant de l'année bien calmes et silencieuses, malgré quelques traînantes conversations en patois normand. On y distingue pourtant des bâtiments qui s'appellent les écuries des chevaux bretons et les écuries des chevaux alemans. C'est près de la rue au Vieil-Cimetière, non loin de la rue de la Magdelaine où se trouve l'auberge de l'Aigle d'Or.

Quatre rues enserrent la foire, droites, étroites, encombrées où se pressent les auberges. Parmi les lignes de baraques, on voit s'adossant à une rue du village, la rue de la Vieille-Draperie où sans doute fourmillaient les rhingraves démodées, les manteaux à vieux

galons dédorés, les souquenilles passées et
toute la mise-bas qui se pouvait brocanter,
depuis l'habit de cour fané, jusqu'aux haillons
troués; la rue de Tours et celle d'Alençon pour
les étoffes précieuses, le gros de Tours et les
dentelles célèbres; une rue de Paris pour les
marchands d'affiquets et de subtilités de toilette; une rue de l'épicerie, une rue de Rouen,
sans doute pleine de faïence et d'arrivages
précieux des ports du Nord. Un grand carré,
la Foire aux draps, où l'on venait lever les
produits d'Elbœuf et de Vire et le fruit du
travail de tous les foulons de Normandie. Un
autre grand carré, où des chariots déchargent
de lourds rouleaux, c'est la Foire aux toiles;
il y a à côté une petite rue de la Dinanderie,
et une rue de la Boucherie ferme le rectangle,
et les auvents de ses boutiques font face au
marché aux bœufs et au marché aux chevaux.
Là justement en face, près de la place aux
Fruits que projette au long de la foire, au bout
du village, la rue de Falaise, en face l'auberge
de la Belle Étoile, voici les baladins; sur une
estrade, des musiciens et un bel opérateur en
costume de cour, peut-être le fameux Barry;

une foule en vestes rondes et chapeaux écrasés,
tels les paysans que dessine Stella, se presse
pour écouter le mirifique charlatan. Mais on
voit qu'une partie de ce public se détache, se
retourne ; justement en face de l'auberge de la
Belle Étoile deux gentilshommes peut-être,
en tout cas deux personnes fort bien mises,
croisent l'épée et on s'empresse vers eux. Est-
ce un duel, suite d'une amourette ? ou bien
quelque rival de l'opérateur aurait-il inventé
ce moyen de détourner de lui l'attention populaire ? Il serait difficile de se fixer exactement
au moyen de cette estampe ; deux hommes croisent le fer, tout est là, et les assistants quittent
l'opérateur, abandonnent les pieds ou la bouche
des chevaux et se précipitent vers le choc tin-
tant des épées. Dans les cours intérieures des
auberges, on voit les valets s'empresser à des-
seller les bêtes, monter le petit escalier extérieur qui mène aux greniers à fourrage ; c'est
toute une affluence gaie et joviale, et près du
marché aux chevaux, assis sur des bancs, à
des tables que recouvrent des toits de chaume,
les paysans vident des bolées en écoutant la
musiquette des vielleux errants, pour qui cette

foire est une aubaine de menue monnaie et de verres pleins.

A Paris, à la cour du Temple, durant qu'un marché de fourrures est tenu, les laquais s'amusent à jeter sur les passants, des nèfles qui sont fort abondantes, dont on fait un grand commerce et qui doivent être vendues fort bon marché, pour abonder en projectiles qui viennent s'écraser sur le dos des passants, ou même sur leur face. La foire Saint-Ovide, qui se donne place Vendôme et place Louis XV, offrait en cas de pluie un pourtour couvert autour d'une rangée ovoïde de baraques, toutes uniformément décorées. Il y eut là de beaux cafés et le théâtre de Nicolet. Ce fut là que, à propos d'un incendie qui avait causé des pertes graves à des petits marchands, Nicolet inaugura le système des représentations à bénéfice, en jouant pour les incendiés. La foire Saint-Laurent fut beaucoup plus importante ; elle se donnait en un beau carré, l'enclos Saint-Laurent, formé d'un échiquier de constructions permanentes coupé par dix rues transversales. Il y avait douze carrés de corps de boutiques, de beaux acacias et de beaux marronniers ornaient ces rues. L'Enclos était entouré de jardins et de couvents, et le vacarme de la fête se mêlait à de continuelles et liturgiques sonneries de cloches.

Les deux-cent soixante loges de marchands étaient toujours occupées. On y buvait, en des cafés ornés de glaces, de lustres, de tableaux, des ratafias (1), de l'hypocras, de l'aigue de cidre, du vin de Saint-Laurent de la Vendée, de Rivesalte, de Malvoisie, de l'eau de cannelle, de l'eau de Forges et de Bourbon. L'usage du tabac se répandant, on venait dans des loges décorées, essayer de la nicotine. Il y avait un café où des aveugles, ornés d'immenses cônes embellis par des plumes en guise de chapeaux, répandaient de l'harmonie pour les gardes françaises et les soubrettes.

Il y avait un homme sans bras, déguisé en Indien, qui était fort habile à faire mille choses au moyen de ses pieds. On faisait partie d'aller chez des confituriers se régaler de confitures. Le soir, sous les ombrages des

(1) Arthur Heulhard, *La Foire Saint-Laurent*. Un livre plein de détails intéressants.

marronniers, parmi le vacarme et le tumulte,
mille intrigues se nouaient et ces femmes voilées d'un loup qui passent rapides près des
loges, ce sont souvent des bourgeoises, qui,
accointées avec une des boutiquières, et pourvues d'un nom de prouesse, se divertissent
bien à l'insu de leurs époux. On court voir
les tableaux changeants de Le Rat, accom-
pagnés d'un texte mi-satyrique, mi-tradi-
tionnel comme un air de complainte, où l'on
brocarde les grands théâtres, les comédiens
du roi, où l'on dit la gazette avec des images,
en tant que cela ne porte pas ombrage à
Monsieur le lieutenant de police. On y a
montré, un géant de bois qui parlait d'une
voix d'enfant, car un enfant était caché dans
son ventre, de petites pagodes qui dansaient
au moyen de sauteurs cachés parmi ces lattes
ornées et bariolées. On y admira Brioché; on
y courut à une merveilleuse vente de porce-
laines de la duchesse de Cleveland qui, se
défaisant d'une collection de céramique chi-
noise et japonaise, faisait connaître aux Parisiens des trésors d'art insoupçonnés d'eux.
On y vit bien de belles choses, mais pourtant

la foire Saint-Laurent n'était rien à côté de la foire Saint-Germain.

C'était tout auprès de la considérable abbaye de Saint-Germain, qui fut, au temps de Philippe-Auguste, plus grande et plus belle que le Louvre, auquel elle faisait face de ses tourelles et de ses clochers. Plus tard, cette abbaye se modifia, mais demeura toujours belle, grande et riche; on y donna des fêtes et des feux d'artifice. Le souvenir est conservé de celui que fit tirer le cardinal de Furstenberg, pour célébrer la gloire de Louis XIV, la réunion de Strasbourg à la France et la paix. Ce fut une belle pompe et d'un ordre nouveau. Dans une cour de l'abbaye, un obélisque était surmonté d'une colombe de feu portant en son bec une branche d'olivier, on tira des pièces diverses avec devises latines, on vit un soleil qui répandait des lumières, un guerrier qui tendait la main vers des croix et calices en négligeant des canons et des drapeaux « en souvenir d'Abraham qui après avoir vaincu les cinq rois, ne regarde que les hommes et abandonne le reste, comme le roi vainqueur abandonne tout, et ne se réserve que Strasbourg pour y assurer le triomphe de la vraie religion (1) ». Puis apparut Hercule assis à l'ombre d'un palmier et d'un olivier, puis une main sortit d'un nuage en tenant une perle entre ses deux doigts, puis des petits poussins vinrent se ranger sous les ailes d'une poule; et enfin un berger apparut sous un arbre; sa devise disait : « *Deus nobis hæc otia fecit.* » C'était à la louange du roi qui avait ramené les plaisirs de la paix.

Tout auprès de la belle et fastueuse abbaye. la foire qui en dépendait étalait ses rues, ses loges, ses baraques fixes, toutes englobées sous un toit d'une seule charpente audacieuse et célèbre. La foire Saint-Germain avait reçu ses lettres de grands faits-divers, lors d'une hardie tentative qui fut faite pour y enlever Henri III et le mettre sous la main des Guise. Ce fut d'Épernon qui vint en son lieu et place faire la royale visite que la foire était en droit d'attendre, et quand on vit que ce n'était que lui, on ne l'enleva pas, mais on le battit. La foire Saint-Germain fut le rendez-vous du

____

(1) Texte d'une vieille estampe commémorative.

commerce du monde, mais aussi un véritable carrefour d'accidents, produisant la nomenclature de tous les heurts qui se peuvent produire entre chaises à porteurs et vinaigrettes. Les coupeurs de bourses y exercèrent avec fruit une industrie qui depuis longtemps n'a subi de chômage. On y inaugura une mesure large et louable ; moyennant un léger examen passé devant des inspecteurs spéciaux chargés de sauvegarder les bonnes affaires du public, les ouvriers qui n'étaient point passés maîtres pouvaient exposer et vendre sans souci des corporations. La foire Saint-Germain devint pour les Parisiens une telle habitude, que jamais elle n'était close et que, passé les périodes foraines, des négociants pouvaient occuper ses locaux permanents, mais sans jouir des immunités accordées à l'époque officielle.

Dans ses six rues parallèles et ses cinq rues perpendiculaires, s'entassaient les cafés, les salons de jeu, à tel point que ce fut un édit de 1772 promulgué contre les jeux de hasard qui la tua, à peu près, car c'est en 1786 pour la dernière fois que le lieutenant de police

assisté du commissaire du Châtelet prononça le
sacramentel : « Messieurs, ouvrez vos loges, »
qui était le signal de toutes les réjouissances.
Ces loges, les unes abritaient des négoces et
les autres des théâtres. Une loge, d'après les
frères Parfaict, c'était un lieu formé de planches où l'on dressait des échafaudages pour
les spectacles ; une corde tendue pour les dan-
seurs, une estrade d'un pied et demi pour les
sauteurs. On pouvait démolir ou démonter à la
fin de chaque foire. Ce fut dans ces loges que
naquit la liberté des théâtres, bien maigre-
ment il est vrai, car s'il y eut possibilité pour
les entrepreneurs de gagner de l'argent malgré les grands privilégiés de la comédie et
de l'Opéra, ce fut aux dépens du talent des
auteurs qu'on ressera dans un système de parades et de pièces avec acrobates. Parfois on
admettait un peu de parlé ou de chanté. D'autres entrepreneurs devaient placer des écri-
teaux qui expliquaient ce qui se passait sur
le tréteau. Les personnes qui défendent l'o-
péra-comique à ariettes et le vaudeville à
couplets, ne savent peut-être pas assez que
les bases de leur esthétique furent jetées

par les lieutenants de police, et qu'elles
suivent non pas Geoffroy et Sarcey, mais au
premier titre, Monsieur d'Argenson, d'ailleurs homme d'esprit. Lesage avec ses col-
laborateurs, Fuzelier et d'Orneval, et Piron
furent la gloire de ce théâtre facile; facile à
rédiger et non à représenter, car les hiéro-
phantes des genres solennels multiplièrent
contre le naissant théâtre de nos boulevards,
les tentatives de strangulation. Peut-être ce
qui séduisit beaucoup de Parisiens, ceux
que n'attirait pas à la foire Saint-Germain,
surtout le tripot, ce fut qu'ils collaboraient
un peu à la pièce dont le vague et la fantaisie leur laissaient large marge. Sans doute
aussi en écoutant le dialogue fleuri et émaillé
de ponts-neufs d'Arlequin, roi de Sérendib,
ils se réjouissaient de voir arriver un roi,
sans confident et dont ne jaillit pas inta-
rissablement un grand flot d'alexandrins.
Rires et bagarres remplirent la longue carrière de cette foire. Avant l'établissement des
théâtres il y avait là de grandes luttes entre
les écholiers et les laquais. La chronique conte
l'histoire d'un laquais qui attaqua un écholier,

lui coupa les oreilles et les mit dans sa pochette, ce à quoi les écholiers répondirent par de multiples bastonnades sur les laquais. Il y eut des querelles de pages de cour contre des pages d'ambassadeurs étrangers, qui durèrent trois jours. Les premiers s'étaient juré d'empêcher les seconds d'entrer dans les loges, c'est-à-dire d'aller dans les cafés, le Waux-hall qui était une fort belle salle très éclairée, et les théâtres. On se battit violemment, malgré le guet qui, s'il n'était plus comme au temps de barbarie, précédé de toute une petite bande de musique pour avertir les voleurs, n'était pas, ne fut jamais d'une autorité bien reconnue. Les théâtres que défendaient ces pages, étaient des théâtres d'acrobates. La musique et la poésie, même sur écriteau, adoucit les mœurs, car ces bagarres ne se présentèrent plus autour des pièces de Lesage, ni autour des bouffons italiens et de Dominique au rire longtemps fameux. Il est à croire qu'une des principales attirances de la foire pour le bon peuple de Paris ce fut la féerie des lumières. Sans doute à nos yeux cet apparat serait médiocre, mais pour les

Parisiens du siècle dernier, habitués à des
rues assez sombres, la multiplicité des torches
à toutes les loges était une joie, et ils virent
le palais d'Aladin, où nous ne verrions qu'un
caravansérail un peu fumeux. Les boulevards
qui s'emplirent de théâtres, portèrent un coup
grave aux foires, et encore qu'à la Foire Saint-
Laurent, on eût essayé d'une Redoute Chi-
noise, qui groupa tout ce que le bel esprit et
un peu de libertinage purent assembler pour
le plaisir de ces gens si faciles à vivre, à
amuser, à intéresser, qu'étaient les Parisiens du XVIIIᵉ siècle; les foires se mouru-
rent. D'ailleurs la révolution arrivait et il était
temps, tout en se plaignant de la grande di-
sette et du malaise des affaires, de parler politique et d'agiter, tout chacun, un plan de
rénovation du monde. Après ces foires, il n'y
eut plus que les grands marchés presque
orientaux, celui de Leipzig, où les fourrures
abondaient auprès des livres et qui baissa
aussi, et la foire qui dure encore celle de
Nijni-Novgorod aux confins de la Barbarie,
où des peuplades aux traits hunniques appor-
taient des pelleteries et des viandes gelées,

près des Tatars qui envoyaient le thé de Chine et tous produits du Catay, tandis que sur des complaintes mélancoliques, les barques descendaient la mer Volga et puis l'Oka avec des cargaisons d'étoffes brodées dans des villages de la steppe. Un visiteur (1) qui tout récemment s'est transporté à cette foire de Novgorod, placée sous l'invocation de saint Macaire a trouvé dans l'ancienne cité républicaine dont le nom évoque les boïards à lourdes fourrures et épaisses armures d'un Alexis Tolstoï, un tramway électrique, un funiculaire, des bazars aux grandes halles vitrées avec des commis aux belles cravates. Il semble que l'Europe a disposé là un immense Bon-Marché, et qu'on attend les Asiatiques acheteurs. Pourtant cinquante églises, dans des massifs de verdure étagent le luxe barbare de leurs coupoles et de leurs clochetons à des vallonnements assez élevés. Mais le pittoresque, s'il réside encore dans quelques brillants costumes de femmes qui n'ont pas encore abdiqué devant la mode de l'Europe occidentale, a quitté les rues où les marchands

(1) M. Maurice Gandolphe.

se réunissent par genre de commerce, produisant une rue au thé, une rue aux pelleteries; on y note une rue des icônes, qui sauf exotisme, ne doit pas laisser meilleure impression que nos rues à imageries religieuses, et les armes du Caucase dans des magasins à la moderne.

Les Foires se meurent, elles sont mortes, où elles défaillent vers l'Orient intermédiaire entre l'Europe des chemins de fer et les rades asiatiques où s'arrêtent les paquebots. Elles vont chercher des barbares, où il y en a encore, ou bien elles ne sont plus que ce qu'elles sont à Paris, une réunion de pâtissiers ambulants, d'acrobates et d'hippogriffes de bois, pour étonner, amuser les yeux et la gourmandise des enfants sans que la galanterie y perde tous ses droits.

Et puis il y a les Expositions.

CHAPITRE VI

De l'église sortent les immenses processions, pour l'ornement desquelles le luxe des bannières, des étoles et toute la délicate broderie médiévale est requise. Pour les voir passer, les bourgeois suspendront à leurs fenêtres les plus riches tapisseries, et les reposoirs où viendra s'arrêter la marche religieuse seront parés des plus belles étoffes, de statues, des coffrets les plus somptueux dont disposeront les âmes pieuses. C'est toujours un beau spectacle que de voir du portail déboucher dans un grand concours de peuple l'évocation rythmique de ses croyances. Mais on sait que si le moyen âge crut, le moyen âge aussi railla; sans mettre en question l'autorité de ses clercs, la bourgeoisie aimait à leur décocher des ironies;

l'église était assez puissante pour s'amuser. Ce fut surtout lorsqu'elle déclina ou qu'elle sentit d'une oreille très fine, bruire les premières révoltes qu'elle égaya son parvis du spectacle lugubre des supplices; ce furent les feux de Saint-Jean où l'on brûlait et le chat, qui a des ressemblances telles avec le Malin qu'il se fait, noir et les grands yeux verts, le compagnon muet de ses suppôts, et aussi le malheureux suppôt, c'est-à-dire l'humble rebouteux, ou le marchand de guérisons et d'élixir, à la louche et multiforme profession. Mais avant l'époque des auto-da-fés, on rit beaucoup devant l'église, on y joue non pas la comédie, mais le mystère; on y danse, non seulement devant, mais dedans. Pour parure des reposoirs, pour l'ornement des rues, pour l'ordonnance des processions, l'initiative particulière, le beau génie d'un chanoine ou même d'un laïque sont autorisés à se donner carrière; des souverains ne dédaignèrent pas d'y donner leurs soins. On connaît par une lettre de Neuré à Gassendi, le cérémonial de la procession de la Fête-Dieu, à Aix en Provence. Le texte de Neuré nous montre cette

procession au summum de sa prospérité. Il
est facile de s'apercevoir que les traditions du
bon Roi René ont été un peu bousculées et
que sur le premier travail, il s'est fait toute
une amplification rhétorique et décorative
fort empreinte de paganisme, non des naïves
croyances populaires, qui refusèrent de croire
à la mort de Pan et des Naïades, mais du
paganisme élégant des prélats de la Renaissance avec un grain de celui un peu plus gros
des subséquents régents du collège.

Le chef du peuple et le prince des amoureux sont choisis, le premier par le peuple, le
second par la noblesse, tous deux parmi leur
personnel; pages et galants cavaliers ainsi
que gens de métier et les pittoresques rus-
tres qui cultivent l'olivier ou matent des
taureaux choisissent leurs personnages. Ceci
fait, parmi les plus belles, on trie une figuration capable de donner un naturel miroir de
la beauté de l'Olympe et de celle des traditions
bibliques; la chose n'est pas impossible, mais
elle est difficile. Il s'agissait d'unir, avec il est
vrai, les ressources de Provence, de dignes effi-
gies des déesses grecques, avec aussi la hiéra-

tique majesté des filles du Nil et la mate splendeur des filles du Liban. Il y avait au temps de Gassendi, des gens assez avertis d'érudition esthétique pour se soucier d'un ensemble harmonieux. L'ensemble du peuple devait surtout viser à cette gaieté claire, sobre, de loques brillantes, oratoire de gestes et de lignes qui caractérisent les foules provençales. Pendant cinq jours, sous prétexte de répétitions, qui se passaient toutes aux carrefours principaux de la cité le peuple entier s'intéressait au jeu de ses délégués dont les uns devaient être Apollon ou Momus, et d'autres désignés pour prêter leur face à la Reine de Saba ou à Vénus. La Farandole et toutes danses venaient bien vite réunir en une commune liesse tous ces foyers de joie. La veille de la procession, une cavalcade courait la ville aux sons grêles des tambourins et le char de Vénus était précédé de la Renommée à cheval, sans doute sonnant de sa trompette, et Momus voisinait avec Pan.

A la procession, après qu'avait passé l'appareil liturgique, après la croix et les bannières des confréries et le long défilé des pénitents à cagoule de couleur qui, paraît-il, oubliaient ces jours-là tous les vœux d'humilité pour fortement se disputer la préséance, l'élément païen se manifestait immédiatement par la présence d'enfants costumés en amours, pour faire pendant aux petits saints Jean de la règle chrétienne ; les uns agitaient de menus étendards, les autres visaient les spectateurs, et l'arc d'une main, leur jetaient des figues de la main restée libre ; et après eux c'était la marche des corporations, chacune sur la chanson qui lui était familière et faisait corps en quelque sorte avec sa devise. La bourgeoisie costumait ses jeunes gens en bergers, les jeunes filles en nymphes et un reflet du roman préféré, de l'*Astrée* si célèbre et si aimée, s'associait à la pompe et païenne et chrétienne ; et puis venaient les pauvres de la ville, les enfants trouvés qu'elle nourrissait en ses fondations et la série des ordres mendiants, dont les bures brunes ramenaient l'aspect religieux, mais surtout l'aspect de grosse jovialité qui s'attachait, après tant de justes fabliaux, sans compter les récits de la chronique locale, à ce genre de moines. En tradition de vieux périls, car les courses barbaresques désolèrent longtemps les côtes de Provence, on voyait passer, jouant la terreur et le désespoir, des prisonniers avec des Turcs, leurs geôliers ; en correctif on montrait des chevaliers de Malte ; puis les dignitaires de la fête, le Chef du Peuple et le Prince des Amoureux assisté d'un Abbé des marchands et d'un Roi du barreau, titre qui est demeuré en notre civilisation, à des orateurs, d'ailleurs, dans l'exercice de leurs fonctions, déguisés.

Le soir, après un grand festin où s'attablait toute la ville, sous prétexte de l'offrir à ses acteurs, des tableaux vivants défilaient devant le populaire ravi. Des diables traquaient le repos d'Adam exilé du paradis terrestre et le poursuivaient de leurs fourches. Ce n'était que par une gymnastique fantasque qu'Adam échappait à ses ennemis. C'était tout à fait le contraire des vieilles parades plus septentrionales qu'imitèrent les fondateurs du théâtre de la foire, qui réduits à des spectacles d'acrobatie pure, en confièrent les plus élégants sauts de carpe à des démons qu'un enchanteur célèbre comme Merlin évoquait pour charmer

la belle qu'il voulait conquérir en la terrifiant.
Ensuite on voyait le méchant Caïn mettre
à mal le pieux Abel, et Abraham préférer le
chevreau errant à son fils selon le conseil de
Dieu, pour le sacrifice; on voyait Pharaon à
qui des démons soufllaient des contorsions
épileptiques et des menaces furibondes contre le peuple de Dieu. Le jeu du Chat expo-
sait à la risée des assistants un chat entouré
d'oripeaux dorés, auxquels les compagnons de
Moïse offraient leurs hommages et qui consi-
déraient sous un jour singulier une feuille
de papier que leur tendait le Prophète et qui
figurait les tables de la Loi.

La Reine de Saba, selon cette conception
un peu guignolesque qui la suivit longtemps.
(car si belle fût-elle au temps de Salomon, ne
fut-elle point devant Antoine un simple jeu,
une incarnation de la puissance du Diable?)
dansant en un grand luxe de clochettes, boi-
tillait en dansant; la Tentation de saint Antoine de Flaubert, la traduit encore avec cette
tendance à la caricature. On voyait les soudards pénétrer dans Bethléem et ces ogres au
service d'Hérode se mettre à découdre les

petits enfants, et les soudards en bonnets plats et rouges étaient effrayants à voir; puis les Mages se présentaient; devant eux comme dans les cortèges de Noël encore existants un enfant portait l'étoile au bout d'un bâton. Les Quatre Évangélistes apparaissaient. On sait qu'en ces cortèges ou représentations on ne figurait guère que saint Mathieu sous forme d'un homme vénérable; saint Jean vêtu d'une peau de mouton bêlait et saint Luc meuglait et saint Jean revêtait toute l'apparence d'un aigle.

Selon M. Guéchot, à qui nous empruntons les détails de cette représentation foraine et hiératique, la Mort, sous la forme d'un squelette armé d'une faux, apparaissait après eux « pour annoncer la fin des réjouissances et rappeler à de sérieuses pensées ceux qui venaient de rire de si bon cœur ». Au fond il fallait bien la placer dans ce raccourci de fresque épique et comique, on ne pouvait la mettre au commencement, elle eût assombri; on la mettait à la fin et bientôt les rasades chassaient le souvenir du lugubre simulacre.

Cette procession de la Fête-Dieu ne fut pas

toujours identique à elle-même; voici comment la dépeint, dans un petit livre orné de planches, Gaspard Grégoire, né à Aix en 1714. Elle est donc prise bien postérieurement à la lettre de Neuré. D'abord il n'y a plus de Prince des Amoureux, ou Prince d'Amour comme dit Gaspard Grégoire. Le Prince d'Amour, fourni par la noblesse était obligé à une foule de munificences ruineuses (cires pour les illuminations entre autres). On le remplaça par un lieutenant de prince d'Amour, qui ne fut plus astreint aux mêmes charges. La part de la noblesse était d'ailleurs à cette époque de cette fête bien réduite; elle avait consisté, outre largesses, en un tournoi qui faisait partie de la conception du Roi René, et ce tournoi fut remplacé par un intermède comique de chevaux de carton. Bref, par délibération à la maison de ville en 1668, il est arrêté qu'il n'y aura plus qu'un lieutenant du prince d'Amour qui peut être élu par acclamation. Le chef du peuple, devenu dans ce texte l'abbé de la ville, est élu au scrutin populaire, contrôlé soigneusement. Les consuls doivent, l'élection terminée, aller féliciter ces élus, suivis du corps de ville avec tous ses tambours.

La cavalcade commence par nous montrer le grand jeu du diable, ces diables sont accoutrés d'un *corcet* noir auquel sont cousues de longues culottes noires couvertes de flammes rouges; ils ont d'une main une fourche et de l'autre une tirelire pour quêter aux assistants. Ils ont en sautoir quinze ou vingt sonnettes qui doivent sous leurs ébats produire quelque musique; ils ont une *têtière* ou fausse tête, qui est naturellement diabolique et cornue. Elle était un peu lourde, de sorte qu'il est arrivé que souvent au cours du cortège, le diable ôtait sa tête pour s'éponger le front et montrait une bonne face congestionnée au lieu et place de l'aspect terrible. De plus, on leur adjoignait une diablesse; celle-ci n'avait pas de têtière, on voyait ses traits sans nul doute pourvus de séduction, mais comme il faut bien qu'une diablesse soit reconnaissable à quelque signe extérieur, elle portait la parure habituelle des femmes de cette année-là, mais avec exagération. Elle était la caricature vivante de la mode et sans doute la satire vivante, l'épigramme dansante, décochée par les belles Aixoises, aux dames ayant maris à la cour, et qui venaient les étonner avec le dernier cri de la mode parisienne. Celle que fit dessiner, par son fils, Gaspard Grégoire, est engoncée dans une robe à paniers, et surtout pourvue de marabouts aussi grands que la moitié de sa taille; il s'agissait sans doute de protester contre un arrangement qui élargissant le corps par le panier, avait besoin de l'exhausser par des panaches, au lieu de lui laisser de belles lignes naturelles.

D'abord, et au commencement de la cavalcade, ces diables se livraient à leur grand jeu qui était de taquiner Hérode; avant de faire quoi que ce soit, ils avaient été à l'église tremper leur têtière dans l'eau bénite, car il paraît qu'une fois, il y a longtemps, les diables s'étaient comptés avant la cérémonie et ils s'étaient trouvés *un de plus;* c'est-à-dire qu'ils avaient reçu la visite de leur grand confrère d'Enfer. Une fois comptés, ils entouraient Hérode, et le lardaient de coups de fourche. Hérode avait couronne en tête et un soleil sur la poitrine; quoique les diables le persécutassent et qu'il fût roi, Hérode participait au partage de la collecte que faisaient les diables. Les diables s'appelaient des Rascassets, nom qui était formé par Razats et par Carcès ou Carcistes, du nom des religionnaires (persécutés par les partisans du Marquis de Carcès, qui avait représenté le roi en Provence en les traquant).

Les Razats s'étaient insurgés, et il en était survenu une petite guerre que Catherine de Médicis, passant par là, avait arrangée, selon son habileté coutumière. Le peuple avait confondu dans une même animadversion Razats et Carcistes, et en avait fait des diables et autre chose encore, car vers la fin du cortège on retrouve des Rascassets qui symbolisent les lépreux et de la façon suivante : trois Rascassets vêtus de deux couvertures à mulet aboutées, l'une protégeant la poitrine, et l'autre le dos, tiennent l'un une brosse, l'autre un peigne, l'autre des ciseaux de tondeur, et s'acharnent après un quatrième Rascasset qui sur sa têtière possède quelque crinière. En rapprochant ces deux allégories, au sens politique, on verra peut-être que l'humeur populaire se moquait des deux partis qui s'étaient étrillés entre eux, sans profit ni pour l'un, ni pour l'autre.

Mais reprenons ce cortège qui s'accroît par le passage d'une Renommée à cheval, par la venue du duc et la duchesse d'Urbin sur des ânes, la présence de Momus à cheval; de Mercure et de la Nuit semblablement à cheval et ensuite des Rascassets diables, qui d'abord battaient Hérode, puis se livraient au jeu du chat, parodie de la destruction du Veau d'Or; puis ils donnaient le petit jeu du diable, qui consistait à se faire battre par la puissance divine. Un jeune homme représentait une âme enfantine, une petite âme fichant solidement une croix dans le sol; trois ou quatre diables accouraient pour la lui arracher, mais ils avaient compté sans le secours céleste, car un ange était là, en joli toquet, culotte courte, bas de soie, des ailes fort convenables au dos, et muni d'une plaque de fer en guise de bouclier, sur lesquelles s'escrimaient vainement les fourches des diables et une autre de leurs armes préférées, le *tricot*, sorte de massue.

Les diables étaient repoussés ; l'âme enfantine
restait à Dieu, et les belligérants du bien et du
mal laissaient la place à Pluton et à Proser-
pine à cheval. L'Olympe continuait à fréquen-
ter Aix par Neptune et Amphitrite à cheval
et par un essaim de faunes et de nymphes
dansant au son des tambourins, des tympa-
nons, des fifres, de tout ce que l'on pouvait se
figurer comme étant l'authentique musique
des anciens. Pan était à cheval ainsi que
Bacchus, Mars, Minerve et Apollon. On in-
tercalait à leur suite la Reine Sabo ou Reine
de Saba ; elle devait être belle, un voile de
gaze pendait à sa couronne ; elle était entourée
de trois dames d'atours semblables à elle, en
robes torsadées et bouillonnées, sauf qu'elles
n'avaient ni couronne, ni voile de gaze. La
Reine de Saba dansait les mains sur les han-
ches, ou plutôt se balançait rythmiquement,
sans bouger de place et de façon noble. En
face d'elle un danseur avait le privilège d'un
mouvement plus tourbillonnant, il était
svelte, des grelots au jarret, et tenait droit
au bout d'un sabre un petit château de clinquant ouvré de cinq tourelles ; chaque fois

qu'il se baissait pour saluer la Reine, celle-ci saluait par une inclinaison en demi-cercle. Le château de clinquant était destiné au roi Salomon ; après la reine venait le grand char où Jupiter, Junon, Vénus, Cupidon, les Ris et les Grâces étaient juchés : Jupiter muni d'un aigle, Junon d'un paon, Vénus d'un bouquet, l'Amour d'un arc ; les Ris et les Grâces de leur grand air de jeunesse, car on les prenait enfantelets. Puis les trois Parques à cheval. Pour mettre à côté de cette idée païenne l'idée chrétienne, on plaçait là les tirassons ou massacre des innocents ; c'était huit enfants qui couraient, se suivaient de fort près, et tombaient aux pieds d'Hérode, à la détonation d'un coup de fusil que celui-ci faisait tirer. Ils ne tombaient pas à ses pieds pour demander grâce, mais bien s'emmêlaient pittoresquement, au hasard, en jouant une profonde terreur. Les soudards d'Hérode, se conformant à la tradition qui en tous pays les habille en costume de l'heure et du peuple ambiant, ce qui, chez Breughel, leur donne des trognes rouges dans des armures de fer, étaient ici habillés en soldats, avec tricorne et veste à la française ; ils étaient trois, un porte-enseigne, un tambour et un soldat. Le tambour avait même le droit, sinon l'obligation de fumer. L'Étoile arrivait portée sur une barre blanche et or, suivie de Rois Mages, suivis de pages coiffés de bonnets en pain de sucre et portant des boîtes où étaient la myrrhe et l'encens. Enfin les chevaux fringants, ce demeurant de vieux tournoi, passaient. C'étaient des jeunes gens en chapeau gris, plume au vent, se démenant dans des chevaux de carton; et enfin la Mort. Telle était, selon Grégoire, Aixois, la procession du Roi René au XVIIIe siècle; il l'aimait et s'indigne fort que l'abbé Coyer ait conté aux Parisiens par lettre publique que tout cela était fort laid et qu'on déguisait en beautés de l'Ancien et du Nouveau Testament des porteurs de chaise. Il s'inscrivit en faux contre cet abbé qui d'ailleurs semble avoir tous les torts.

La victoire de Saint-Georges sur le Dragon, cette dérivation du mythe de Persée et d'Hercule, fut célébrée en maintes villes par des cortèges et des processions.

Il fut bien rare, tant la tradition tend à se déformer, que ce fût le vrai héros d'une prouesse

réelle qui en profitât, même en l'admettant sous
la forme de sa traduction chrétienne, saint Geor-
ges. Toute ville croit avoir été autrefois terrori-
sée par un monstre et fait honneur de sa victoire,
de préférence à quelque saint évêque plutôt
qu'à un soldat heureux, soit que la victoire
de l'évêque ait été toute pacifique et que par
des travaux d'art il ait débarrassé la ville de
quelque péril régulier d'inondation ou qu'é-
vêque militaire, comme il y en eût tant des
époques Mérovingiennes jusqu'à la fin de la
période féodale, il ait pris les armes pour
réduire des bandes de brigands ou tel cruel
châtelain qu'on préférait voir sous les traits
d'un monstre que sous ceux pourtant peu
flatteurs d'un ogre. A une de ces commémo-
rations, à Rouen, c'était même la coutume
de gracier un criminel; la légende disait
que l'évêque pour triompher de la Gar-
gouille, monstre redoutable embusqué dans
la forêt de Rouvray, s'était fait suivre (ne
trouvant pas dans la terreur générale plus
digne écuyer) d'un voleur et d'un meurtrier.
Le voleur prit peur et se sauva avant d'avoir
vu le monstre; le meurtrier demeura. Il est

aisé de reconstituer qu'un jour, pour lutter contre quelque grand danger, invasion ou banditisme, l'évêque ne trouva à sa disposition que des désespérés et dut vider la prison pour se faire des hommes d'armes, d'où un privilège de grâce annuelle accordée au chapitre de Rouen qui l'exerça jusqu'à la Révolution. Les chanoines choisissaient le coupable à gracier d'après les confessions reçues et l'homme choisi bénéficiait non seulement de la vie sauve, mais encore de la pleine liberté; on lui donnait la volée en grande pompe aux sons de toutes les cloches de la ville.

Mais plus brillantes que ces réjouissances, plus générales étaient la fête des Fous et la fête de l'Ane, ces grandes ripailles médiévales qui sont le chaînon qui rapproche les vieilles saturnales du moderne carnaval, comme le mystère réunit l'antique tragédie à la nouvelle tragédie et au drame romantique. C'est la vieille idée que de temps en temps le cours des choses doit changer, que les maîtres doivent servir et les sages être fous, qui préside à ces fêtes. La fête de l'Ane, c'est la messe carnavalesque, qui plante l'âne vêtu d'une chape de brocart au milieu de l'église où ses braîments servent de répons intempestifs parfois et maladroits, à la prose grandiloquente où l'on chante ses louanges, sa supériorité sur les chameaux de Madian, et les chevreuils de tous les pays, où l'on dit qu'il est venu d'Orient chargé d'encens, de myrrhe et de tous les dons des Rois Mages. Déjà à Noël, on emprunte son cri pour parodier le *eamus* des Rois en *hihamus*, et ces hi-han étaient repris en chœur par la foule. L'affolement de l'animal devait ajouter aux éléments comiques. L'office de l'âne, dit Bourquelot, était un mélange confus de quolibets, de coq-à-l'âne, d'alleluias grotesques écrits en latin bouffon. Tout ce que la paroisse contenait de voix aigres et discordantes, de faussets intolérables, était convié à les venir chanter *in-falso*. L'archevêque des fous officiait, du cuir de savate fumait en guise de parfums dans les encensoirs; la nef de la cathédrale servait de salle de danse, le chœur et la table de communion étaient abondamment pourvus de boudins grillés, de saucissons, de cruches de vin et d'autres victuailles rustiques.

La plaisanterie de toutes ces fêtes, était sans doute un peu épaisse, mais le décor en pouvait être fort pittoresque ; l'anecdote y est parfois bizarre, ainsi que ce pas de chanoines autour de l'église Saint-Rémi, de Reims, autour de l'église du Sacre, où le chapitre processionnel en file devait obéir à ce souci, de tâcher de marcher sur un hareng attaché à la robe du précédent chanoine, dont le devoir était de se dérober à cette attaque, ce qui amenait chaque chanoine à une défensive devant et derrière, pittoresque pour le moins. Cette procession était l'occasion d'un grand étalage de toilettes, chez les bourgeoises et chez les dames marchandes, aussi parmi de fraîches et galantes personnes dont les fabliaux ont toujours suspecté les sourires quand ils s'adressent à des chanoines ou à des cordeliers.

Pour de plus hautes distractions, on aménageait le parvis de l'église comme une sorte de palais de bois, où il y avait place pour le château de Caïphe, celui de Pilate, une architecture qui était le Mont des Oliviers, un édifice qui était le Paradis, un autre où les démons crachaient des flammes, agitaient des torches soufrées ; et là on célébrait pour toute la ville le Mystère de la Passion. Un moment de cette foule a été décrit dans Notre-Dame de Paris et il faudrait s'y reporter pour se faire une idée exacte de ce qu'était avant le recueillement le mouvement de cette masse rieuse. Mais une fois que le Prologue apparaissait, on peut être certain que des œuvres comme celles de Gréban, ou le mystère d'Orléans, furent religieusement écoutées. L'indication donnée par ce théâtre de la foule, où la foule jouait ou figurait, n'est certes pas perdu complètement. Le mystère a été détrôné par le théâtre régulier et de tous les soirs, mais ce sera peut-être bientôt une préoccupation des architectes modernes que de construire d'immenses salles foraines pour la représentation de drames populaires devant le peuple et par des acteurs recrutés parmi lui, au moins par des compagnies de gens de bonne volonté. On sait que le dernier vestige de la représentation des Mystères, ce sont ces grandes fêtes de l'Oberammergau, dont le peintre allemand Von Uhde nous a donné de si émouvantes évocations.

Tout récemment, en Bretagne, le mystère de saint Gwenolé était donné par les soins des Celtisants et c'étaient des ouvriers et des paysans bretons qui en fournissaient et les protagonistes et la figuration. Les questions de théâtre populaire sont en ce moment-ci étudiées, et on songe sur de grandes places à bâtir des tréteaux pour le drame héroïque. Le jour où à Paris ces tentatives auront abouti, la rue comptera un spectacle de plus et non des moins intéressants. Si le parvis de l'Église est le point de départ de la fête des Fous, de la fête de l'Ane, c'est le Beffroi, le palais populaire, la maison de ville qui nous donna le carnaval. On a dit avec justesse que Noël et les cortèges auxquels il donnait lieu et les naïves mises en scène de l'idylle de Bethléem, les arrivées chantantes à minuit vers les vaisseaux lumineux de l'Église, de bergers et de bergères rythmant leurs pas aux cadences du tambourin et menant la pompe du char de verdure que des brebis traînaient, c'est jusqu'au festin de l'Épiphanie, le carnaval religieux. Il ne garde pas toujours ce caractère, et les tableaux de Jean Sten nous donneraient des fêtes des Rois soigneusement populaires et illustrations de kermesse plus que de cérémonie. Le carnaval, d'essence laïque, fut une protestation contre le carême, contre une austérité et morale et physique. Sur la place publique pourtant on condamnait mardi-gras à être brûlé le mercredi des cendres (en Provence et en Bretagne), on amenait devant les juges un grand mannequin de paille escorté de joyeux drilles jouant la plus vive douleur et demandant l'énergie de la supporter à des outres de vin qu'ils portaient avec eux. Là les plaidoyers pour et contre Carnaval avaient lieu. Il fut d'une imagination facile de distribuer la robe de l'avocat de Carême à l'homme le plus maigre que l'on put trouver et au contraire de fournir Carnaval d'un champion rebondi. Malheureusement pour ce dernier, la cause était entendue d'avance et réglée comme la marche qui le menait au bûcher. L'avocat de Carême l'ouvrait et la foule en larmes suivait le mannequin que l'avocat de Carême embrassait tendrement avant de l'envoyer joindre les brindilles brûlantes, où il devenait comme toutes les joies, cendre et fumée.

D'autres cortèges comiques sillonnèrent les
rues des villes de France ; la chevauchée de
l'âne eut un lustre tout particulier à Lyon. Son
but était de berner les maris ridicules, cette
gaîté des fabliaux qui fait face au moine pa-
pelard et gourmand. On plaçait sur une grande
voiture des masques ressemblant plus ou
moins à ceux dont on voulait célébrer les ridicules. Si la ressemblance physique n'était pas
totale, le chœur populaire en son franc-parler
avait soin de mettre le nom sur les ébauches
de physionomie en y ajoutant les particularités
spéciales qui valaient à ces personnages d'être
là juchés et contait à fond leur chronique
pour la plus grande édification des rieurs ; et
ceci dans un grand luxe de bannières, de cavalerie bien caparaçonnée. A Rouen le conseil
des Cornards prêchait d'abord les farces contre
les magistrats, ce qui n'est point pour sur-
prendre en pays normand ; les magistrats se
dissimulaient ; d'ailleurs, pendant ces fêtes,
les bourgeois tranquilles se terraient ; la ville
appartenait à la mascarade. Un abbé assisté
d'un conseil avait depuis longtemps réuni la
chronique scandaleuse, et extrait d'elle les

éléments d'une chronique parlée processionnellement par la cité. Durant trois jours, précédés d'instruments sonores, escortés d'un
populaire nombreux, marchant sur deux files,
les membres de la joyeuse confrérie défilaient
en chantant des couplets satiriques. Leur
abbé du haut d'un beau char, entouré d'assistants déguisés en cardinaux, répandait de
bouffonnes bénédictions. Les victimes des couplets s'enfermaient dans leurs maisons en fermant les fenêtres, mais elles ne pouvaient échapper à tout ce rire du dehors qui devait percer
les murs les plus épais. Les pamphlétaires ne
nommaient personne, mais le soin de s'arrêter
devant la maison du bafoué, en donnant en sus
force détails sur les délits à celui-ci reprochés, donnaient à leurs ironies une singulière
précision.

Le troisième jour, le cortège s'arrêtait, se
concentrait, se recueillait. Il s'agissait d'une
élection populaire, pour désigner qui de
l'année avait fait la plus lourde sottise; l'élu
proclamé, *sot et glorieux cornard,* recevait une
crosse d'honneur que le cortège, en toute
pompe, allait lui remettre.

A Dijon la mère folle présidait à une cérémonie toute semblable. Il y en eut, un peu
dans toutes les villes, même celles qui avaient
déjà cette occasion de joie de promener des
géants en osier comme Gayant, à Douai. Non
seulement c'était une joie, c'était aussi un peu
comme une police de la ville faite au nom du
bon sens ; on devait hésiter à déchaîner le rire
de toute une ville ; il est probable aussi que
bien des plaisanteries d'un goût très faible
furent exécutées sous le couvert de ces fêtes.
Mais les victimes n'en ont point appelé au jugement de la postérité, et il ne demeure plus que
le souvenir de ces grands éclats de rire qui
remplissaient des villes entières, dans un en-
soleillement sur des milliers de tête, et une
fête de lumière sur tant de beaux atours bigar-
rés et de drapeaux portant au centre une radieuse folie. Une fête encore déroulait au long
des rues de la ville un long cortège, et celle-ci
est d'origine plus délicate et d'appareil plus
joli. C'était la fête du Mai destinée à fêter le
retour des beaux jours, à saluer les forces
renaissantes de l'Été, le changement des couleurs du fleuve et de la rivière qui cessait de

rouler les boues jaunâtres pour redevenir le miroir doux du nuage et du ciel bleu. La fête du Mai n'est point encore tout à fait oubliée de nos jours.

En notre Midi provençal, il y a une trentaine d'années, on allait au Mai. Tout le monde, sauf dans les très grandes villes, revêtait ses plus beaux habits et les femmes les plus coquets atours, on se réunissait sur la plus belle place de la ville, et naturellement avec quelque musique de galoubets et de tambourins, on se dirigeait vers quelque jolie chapelle extérieure de la ville, quelque coin d'arborescence et de fleurs. A tous les coins de rue des fillettes, élues par chaque quartier comme les plus jolies, habillées comme des communiantes, quêtaient pour acheter des fleurs qu'on devait porter au pèlerinage. C'étaient ces petites filles, les reines du Mai, les reines de la fête ; la fête du Mai, fête païenne, fête aux génies du bois, de la forêt, de la prée et des sources, finissait ainsi en réjouissance pour les enfants. C'était l'aboutissement amusant sinon glorieux d'une antique coutume tenant ses racines de la plus vieille tradition.

En Allemagne, dans le pays d'extrême-nord, le premier mai a été encore longtemps l'occasion de gaies promenades, où souvent les étoffes claires et les parures légères étaient en quelque sorte démenties par une bise encore aigre. Dans l'Allemagne médiévale, l'Allemagne dont les lieds chantent au Cor merveilleux de l'enfant, dans un beau pré près de la ville, on organisait un théâtre de feuillages et on jouait des petites pièces toujours à peu près les mêmes, façonnées grâce à des réunions de lieds populaires et qui mettaient en scène le couronnement de la plus belle par le plus épris. C'était sous la clarté solaire une effusion de lyrisme, de bonté, de beauté et de gaîté. On plantait l'arbre du Mai, en grande réjouissance; c'était non pas comme le carnaval, une face du carême, la joie de la panse; c'était la joie de la douceur de vivre qu'on célébrait par des chansons sous le plein ciel. Dans notre moyen âge français, l'Église s'empara de cette fête, comme de toutes les fêtes païennes, et pavoisa ses églises de branches d'arbres et de bouquets. Ce furent les chanoines, la gaîté de l'église en ces temps loin-

tains, qui se chargeaient d'aller en cortège
couper des branches et d'organiser des danses
et des chœurs, moins gracieux à coup sûr que
les agiles sarabandes des fillettes antiques, à
la démarche légère de nymphes. Aussi la fête
du Mai prenait avec eux un caractère railleur
et un peu bouffon. Au départ tout se passait
avec une certaine componction, les cloches
sonnaient et sans doute la ville avait sa co-
quette allure des dimanches, blanche et fleu-
rie, pleine de solitude douce dans ses rues
désertes, et du bruit aimable sur la place de
rassemblement. Dans quelques villes, on pré-
parait au bois voisin une collation, on buvait ensemble du vin, et on mangeait des gâteaux qu'on avait faits, prévoyant le transport,
très durs, et dont les couques ornementées et
massives qu'on pétrit en Bretagne et en Wal-
lonie doivent être les succédanés. Au retour,
si le vin avait été généreux, les chansons
étaient vives, les danses un peu désordonnées,
et l'on se battait avec les gâteaux trop durs
qui avaient défié l'emprise des mâchoires; on
se jetait à la face non seulement ces robustes
pâtisseries, mais encore, en guise de confetti,

des paquets de son. A Paris, les basochiens plantaient leur Mai dans la cour du palais de justice.

M. Guéchot, dans son petit livre sur les fêtes populaires, résume ainsi une de ces fêtes du Mai, telle qu'elle avait lieu à Vienne en Dauphiné.

« La fête était annoncée par quatre hommes qui sortaient, au matin, du palais archiépiscopal, nus et barbouillés de suie et que pour cette raison on appelait les quatre noircis. Ils étaient désignés tous les ans par l'archevêque, le chapitre de Saint-Maurice, l'abbé de Saint-Pierre et l'abbaye Saint-André. Dans l'après-midi les meuniers et les boulangers montaient à cheval et venaient demander à l'archevêque un roi de la fête, à l'abbesse du couvent de Saint-André une reine.

« Roi et reine s'en allaient ensuite quérir saint Paul, à l'hôpital placé sous le vocable du Saint. L'un des gardes heurtait à la porte trois fois, à la première demande il était répondu : « Saint Paul dit ses heures »; à la seconde : « Il monte à cheval » ; à la troisième : « Vus-le ci tout prest ». La porte s'ouvrait et un

ermite portant en bandoulière un baril de vin,
un pain et un jambon, et à la main une
coupe de cendre pour aveugler les passants,
paraissait à cheval. La cavalcade parcourait
la ville, suivie d'une foule qui poussait des cla-
meurs assourdissantes ; cette bizarre cérémonie ne disparut qu'au XVIIe siècle. »

La rue en France, par toutes ces réjouissances populaires, fut gauloise, malicieuse,
d'un esprit un peu gros, tel que celui qui en-
fanta nos fabliaux. L'Église ne fit rien pour
ennoblir ces jours de fête, et les laissa devenir
jours de ripaille. De nos jours, ce premier mai
existe encore et prend une verdeur nouvelle
d'être le jour de fête des groupes ouvriers, qui
veulent, par des cortèges, y célébrer à leur
façon la gloire du labeur. Nul doute que bientôt
des passages pittoresques, où l'on utilise l'ins-
trument de travail et l'équipement journalier,
ne nous montrent de belles frises vivantes et
passant dans nos rues. L'usage change, l'aspect se modifie. C'est, dans une rue différente,
d'autres idées qui se symbolisent en des allures plus ou moins nobles, plus ou moins
sculpturales ; c'est toujours la même idée qui

demeure, réjouit la ville en lui montrant parmi ses rues et ses places sous son jour le plus favorable et dans la plus belle ordonnance, l'image rythmique de ce qu'elle contient de meilleur. Mais nous reviendrons sur ce point en étudiant la structure des fêtes modernes.

Notons, d'ailleurs, qu'à cette fête du Mai s'apparie la plantation des arbres de la liberté qui fut chère aux hommes de notre Révolution. Que de romans nous ont montré comme en un rêve d'âge d'or, la population recueillie sur la grande place du village ou de la petite ville et les vieillards à l'air honnête et recueilli plantant l'Arbre parmi la joie et l'émotion générale. On planta des arbres de la liberté plus bruyamment au son de la Marseillaise et de la Carmagnole. C'est, toujours transposée, l'idée de la fête du Mai, l'emblème de la croissance naturelle, libre et sans effort, transplantée dans un décor de pierre dure et sèche qui rappelle à l'homme l'âpreté de la lutte pour la vie et les devoirs de l'artisan.

CHAPITRE VII

LES PLACES (LA PLACE ROYALE)

La rue embryonnairement s'explique par la
route, par les quais de rivière. Un des côtés
de la voie de communication se borde ; peu à
peu les maisons se rapprochent, se serrent ;
les espaces cultivés intercalaires diminuent,
la nécessité de fortifier enclôt le développement de la rue, qui devient continue et compacte. L'origine de la rue c'est la nécessité,
sur un point de parcours, de grouper l'auberge du relai, à côté le charron qui rarrange
les chariots auxquels sera arrivé malencon-
tre, le charpentier qui étaiera les planches
de ce chariot quand le charron en aura ré-
paré les roues, le bourrelier qui prendra soin
du harnais : ainsi commence le village.

L'origine de la place, c'est le marché. En

certains points de pays germanique, c'est encore le Markt que s'appellent certaines grandes places. Là il a fallu réserver entre les constructions plus nombreuses, car il faut des magasins, des docks, en surplus des points de halte pour la nourriture, un plus grand espace. Aussi les places sont ménagées au devant des palais royaux pour y pouvoir développer la pompe des cortèges, et certaines villes, fières de leurs libertés municipales ou de leur constitution républicaine, ont évidé des places pour les cortèges de fête et pour les manifestations de la vie municipale, devant leurs hôtels de ville, mais souvent encore le marché s'y tient et ces deux origines s'y confondent.

Après la Renaissance il exista des places factices, faites pour la beauté du décor, en imitation des places d'origine pour ainsi dire rationnelle. On conserva la forme carrée ou rectangulaire, mais quelque changement, par exemple une uniformité voulue de construction, indique qu'une volonté a présidé au plan, et que la place n'est pas comme ailleurs un lent alluvion de pierres et de briques apportées

par des vies humaines. La Place Royale est
du nombre, et une des plus importantes, tant
par sa beauté esthétique que par le développement particulier de ce qu'on pourrait appeler
sa vie morale.

La royauté française s'abrita longtemps
dans un immense palais, non loin de la Bastille. C'était le Palais des Tournelles, si plein
de souvenirs évoquant la sagesse de Charles V
et la folie de Charles VI; la bibliothèque aux
beaux devis et miniatures de l'un, et les cartes
bariolées de l'autre, et la sage Christine de
Pisan, et Ysabeau folle de son corps en parures de drap d'or et de précieuses fourrures,
et Louis XI cauteleux en ses quelques rares
présences; et comment y mourut saintement
le bon roi Louis XII! Les Tournelles, c'était
un immense palais, ou plutôt un assemblage
de palais individuellement traités par de beaux
architectes et qui offrait, au milieu de son parc
immense, s'étendant de la Bastille jusqu'à la
porte du Temple, une synthèse d'architecture
médiévale appliquée aux palais, synthèse d'un
art de joie. De par la fantaisie d'une femme,
dit François-Victor Hugo, la France perdit

son Alhambra. En effet, Catherine de Médicis, en Italienne superstitieuse, s'en prenant aux choses des méfaits de la fatalité, voulut, pour ainsi dire, venger sur ces pierres qui en avaient été les témoins, la mort d'Henri II; Montgomery, en tuant par maladresse un roi de France, abattit du même coup le palais de la Monarchie. Les Tournelles demeurèrent d'abord un temps désertées, puis on les entama, on les détailla; sur le terre-plein du tournoi on établit un marché aux chevaux, qui devint un rendez-vous de brettes et de guets-apens. C'est là qu'eurent lieu les duels, si on peut appeler duel, ces combats sauvages et irréguliers des mignons d'Henri III avec les Guisards; et les Tournelles tombaient en ruine parmi des terrains décriés.

Lors de son avènement, Henri IV avait résolu de s'attacher les Parisiens, en embellissant leur ville. De plus, il avait à encourager de ses efforts les efforts des négociants qui suivaient les inspirations de Sully. Il avait, en cet ordre d'idées, concédé aux fabricants de soierie un vaste emplacement dans le parc des Tournelles. Son idée s'agrandit et il ad-

mit que les constructions de ces marchands
formeraient un des côtés d'une place qui s'ap-
pellerait la place de France. Huit rues y dé-
boucheraient, tracées dans l'ancien parc des
Tournelles, qui porteraient le nom des principales provinces. Les négociants, à qui une
des faces de la place était concédée, y élevè-
rent leurs bâtiments, avec un emploi nouveau
de la brique et de la pierre de taille qui séduisit le roi à tel point qu'il déclara que toute
place devrait offrir le même aspect et qu'on
délimita exactement les détails de toute l'architecture, autour de ce carré de 5184 toises
qui fut laissé en pelouse, entourée d'une barrière de bois. La disposition de la galerie circulaire, arcades empruntées au pilier des négociants qui y gagnaient d'étendre leur étal
à l'abri des intempéries, se trouva ici favori-
ser les promenades et les conversations des
oisifs. Les ordonnances indiquèrent l'emploi
déterminé de la brique, de la pierre, du plomb
et de l'ardoise pour les combles, et Henri IV
fit ainsi exécuter un modèle parfait de ce qui est
devenu le style Louis XIII. Il rêvait d'ailleurs,
sauf les arcades, la place Dauphine dans les

mêmes tonalités et couleurs. Cette place s'harmonisait avec son moment de création. La grande guerre civile était finie, on allait pouvoir causer. Ses longues arcades, sa pelouse étaient bien faites pour qu'on y déployât un luxe d'étoffes qu'avait un peu comprimé la trop fréquente prise du collet de buffle et de la cuirasse ; les femmes un peu trop souvent réduites au sombre deuil, allaient pouvoir revêtir les parures claires. L'idée de ce grand parloir fut conforme aux idées qui germaient, à ce roman tout en doux propos qui allait sévir, à ce théâtre un peu d'avocat qui allait naître sous la plume de Corneille. Si la statue de Louis XIII orne la place Royale, littérairement le souvenir de Corneille l'emplit. C'est là que se battirent ses Cids, c'est là qu'il fut admiré en sa période de gloire et défendu par Mme de Sévigné, lorsque le goût du temps se détourna de lui. Les gens de cette période et de ce décor sont un peu les amoureux discuteurs de ses comédies ; toujours galants, sentencieux alambiqués, la main sur le pommeau de l'épée pour pourfendre ou plutôt pour en terminer avec une vie, que deux yeux charmants mais

sévères vouaient pour un instant au malheur ;
et ce malheur, ils se le détaillaient, en stances
qui mettaient une musique entre leurs querelles, jalousies et froideurs qui n'étaient que
souffle de vent pour attiser les braises arden-
tes de leur passion. Encore ne sont-ils si
alambiqués dans leur tendresse que pour dé-
sarmer cette demoiselle de Scudéry qui siège
sur cette place même au milieu des palais de
ses admiratrices qui connaissent de la littérature française et en constatent l'heureux état
depuis que par Baro continuateur de d'Urfé et
Mlle de Scudéry l'émule du feu maître, l'art de
dire bien et galamment ne chôme pas. C'est
aussi le décor des sonnettistes du temps, de
Maynard, Gombaut et Malleville, académiciens ;
c'est le moment où Desbarreaux, élégant,
venait rendre ses devoirs à Marion Delorme
« suivi de trois laquais, la rapière ornée de
rubans roses, d'énormes nœuds de la même
couleur placés sur des souliers à talons hauts,
qu'il tournait fort en dehors selon la mode. Il
retroussait souvent une petite moustache frisée
et peignait avant d'entrer sa barbe légère et
pointue », ainsi que le dépeint Alfred de Vi-

gny. C'était le temps des maréchaux de Louis XIII, de Roquelaure, Bellegarde, etc... Il ne faudrait pas prendre à l'excès, au pied de la lettre Corneille auteur de comédies, comme un exact anecdotier de mœurs, mais en somme, sa *Place Royale*, une des deux comédies qui se passait dans un décor strictement délimité et connu à Paris (l'autre est *la Galerie du Palais*) il a pu la présenter comme un joli lieu de comédie amoureuse, où sans cesse les amants se rencontrent, ergotent, madrigalisent, se disputent, et y placer même un enlèvement que sans doute l'ombre des arcades facilite ; sacrifice aussi peut-être au Pays du tendre, il n'y place que de parfaits amants et l'enlèvement, s'il est le fait d'un roué, n'apportera à ce roué que l'indépendance du cœur et la joie d'obliger un ami. Il n'y est fait nulle mention que la place Royale, la réelle abrite Marion et Ninon. Pourtant on lui reprocha vivement d'avoir peint les Parisiennes sous un jour un peu défavorable, de les avoir dites un peu légères et inconséquentes, ou capables de bien aimer, mais aussi de suivre, passé l'heure des lumières, un amoureux qui a re-

mis, il est vrai, une promesse de mariage
entre leurs mains. Tant le théâtre de ce
temps était éloigné d'aimer la vérité ! La vraie
physionomie de la place Royale n'est point
non plus dans le duel Boutteville qui fut une
bravade. Elle est le passage perpétuel d'un
Décaméron un peu empesé, un peu grossier
tour à tour et raffiné. Après les Scudéry on y
goûte fort Scarron, on y organise des intrigues amoureuses, des intrigues politiques. On
y condamne à mort Richelieu; on y espionne
pour lui; on y porte des feutres à grande
plume, des canons, des justaucorps, qui font
corps pour nous avec cette architecture brique et pierre, place Royale, et château de
Saint-Germain.

C'est une fantaisie amusante de hasard que
cette Place Royale, qui fut l'abri dernier de la
fantaisie en France, avant l'avènement du Louvre régulier et de Versailles aux grandes lignes
classiques, fut à l'aurore du romantisme peuplée de gens qui, certes, ne portaient point les
feutres à plume et ne traînaient point les ra-
pières, mais en avaient bonne envie et d'ailleurs recherchaient quelque emploi du velours

et de la couleur dans l'ajustement. Auprès de la demeure de Marion, dont les arcades de la place lui contèrent l'histoire, Victor Hugo vécut, et souvent la façade sévère s'égayait de sombreros, de capes, de chapeaux Louis XIII, de gilets à la mode du temps, et de propos pourfendeurs. Certes des romantiques érudits, tels Gautier causant avec Nerval purent tenir en se promenant non loin de la laide statue du roi Louis XIII, tels propos, avec une date si authentique dans la couleur des mots, que sauf la vilaine statue, un contemporain de Richelieu ressuscité eût pu croire, en se fiant uniquement à son sens auditif, qu'il n'avait pas changé d'époque. Ce fut grâce aux romantiques que la rue de Paris eut quelque soir, quelque jour, l'aspect pittoresque. Les gilets rouges du soir d'Hernani s'ils assistèrent à une aurore du drame, assistaient aussi à la fin d'un décor. Le vieux Paris s'en allait, le pittoresque du costume disparaissait. Il n'y eut plus après eux que les saint Simoniens pour arborer des vestitures dont la couleur et la coupe eussent encore quelque chose de théâtral. La redingote à la propriétaire va

régner. Celui qui la porte, dans les circonstances ordinaires de sa vie revêt parfois son
costume de garde national, et, ainsi affublé, il
fait sa partie dans les feux de salve, dirigés
contre ceux qui par le feutre, les cheveux
longs, la cape bizarre se rallient à l'ancien
pittoresque et les ouvriers qui, par les habitudes du métier, le pli professionnel de la
cotte ou de la blouse, esquissent certains linéaments du pittoresque futur.

Après la place Royale, la place aux belles
arcades, où l'on peut jaser et discourir, la place
qui plaît et reflète l'âme du temps, c'est la place
aux grandes constructions blanches, cintrée
comme la place des Victoires, aux régulières
maisons blanches toujours, avec des ornements d'or à des balcons symétriques. La
place est organisée pour que de nombreuses
fenêtres on puisse admirer la statue païenne
du roy qu'on essaie de la placer comme au
centre d'un grand palais; les fausses colonnes
semblables, contribuent à l'aspect d'adhésion
que prend tout l'ensemble de la place. Aussi
on l'orne d'arbres, mais on n'oublie jamais la
statue centrale, parfois mise entre deux fon-

taines. La place est faite pour la commémoration des rois, ou des hommes célèbres. On la bâtit soit avec un motif central, statue presque toujours, fontaine commémorative ornée de buste, ou de statue, à moins que comme cette exceptionnelle place de la Concorde, elle n'aboutisse de deux côtés à de longues allées de jardins et n'emprunte à leur voisinage un aspect de grandeur infinie. Ici la place déjà si vaste s'augmente de tout ce recul d'allées et du recul du pont et du recul des constructions similaires, du Palais Bourbon et de la Madeleine. Un rêveur dirait que sur la dernière édifiée des places célèbres de la vieille Europe, une intention a mis symboliquement en face l'un de l'autre les deux emblèmes des pouvoirs modernes dont la lutte se poursuit. L'Église et sa tradition fixe, le Parlement et sa tradition ondoyante qui commence. Il y a entre eux place pour l'énorme évolution de la foule, qui sera appelée à choisir sa destinée, et si Nelson, du haut de son pilier de Trafalgar Square voit souvent les ondes profondes des meetings, le petit obélisque à qui Gautier prête tant de tristesses, a déjà vu, et

verra peut-être encore passer les révolutions,
vers les anciens palais et vers la voie triomphale
qui entre à Paris. Le témoin des choses nouvelles est le plus vieux des monuments, ironie
du sort! leçon si l'on veut, hasard aussi, mais
peut-être pas tant que cela ; car, procédant de
cette habitude de faire l'ombilic d'une place
avec une statue, on a peut-être hésité et l'on
s'est demandé qui l'on mettrait, au milieu de
cette place énorme, au milieu de cette place
majestueuse, entre le Louvre des Rois et l'arc
de triomphe de l'Empereur sur la place de la
Révolution. Et la place est restée vide ; l'obélisque est un outsider, il est là pour que personne n'y soit, parce que, peut-être, quelque
représentation que ce soit y paraîtrait éphémère et tomberait au remous changeant des
régimes.

Telle quelle, rien ne correspond mieux par
l'histoire et le souvenir, à l'image agrandie
du Forum Romain. Si les places où se dressent des églises gothiques semblent des parvis continués, si les places des villes où se
dressent les beffrois et les hôtels de ville
comme celle d'Anvers où Matsys mit non loin

de l'énorme église, une si jolie fontaine devant le parloir aux bourgeois, appellent l'idée de longues conversations prudentes entre des échevins, parfois brutalement coupées par l'arrivée houleuse d'un petit corps de métier qui pousse les échevins dans l'hôtel de ville, pour les forcer à écouter des doléances, et prendre des mesures, la place de la Concorde évoque la vision de la foule énorme d'une capitale de république se rendant à des fêtes, ou attestant par sa présence des opinions. Et c'est presque logiquement que se serait déroulé, sur sa vaste surface, l'immense défilé qui, tout récemment, donnait une idée des cortèges futurs sur la place de la Nation.

CHAPITRE VIII.

C'est la joie des villes, c'est jour de liesse ;
tous, même les pires tyrans ont, ce jour-là,
selon le vœu du poète Maurice Bouchor,
changé en vin l'eau des fontaines ; il est vrai
que ce n'est que pour ce jour. Dans une fête
que nous raconterons un peu plus loin, une
joyeuse entrée, celle de Louis XV à Strasbourg, les illuminations dureront cinq jours,
mais ce sera un jour seulement et pas tout
entier que la fontaine de vin coulera vers
les loyaux sujets. Les joyeuses entrées, c'est,
pour le peuple qui adore s'écraser tout près des
pieds des chevaux, le cortège des cavaliers de
fer, les plumes ondoyantes, la forêt des lances
droites qui parle à son imagination, c'est le
héros dans un char doré, ou sur un destrier ; que

ce soit Louis XV ou Henri IV, la liesse est la même. Elle est administrative et populaire; elle sent le jour de congé et le jour chômé. Elle est un peu du théâtre pour le moins avancé des tâcherons; elle est le bruit, car il y a des pièces d'artifice qui fusent, et toujours une joie énorme a suivi les cortèges de fanfares et de drapeaux depuis les triomphes romains où le Consul apparaissait suivi de trophées et de rois captifs, jusqu'au passage en daumont d'un président de République et d'un tzar précédés de la flottante draperie des auxiliaires arabes. Et dans l'intervalle que de conquérants, d'empereurs et de principicules ont passé par des rues pavoisées, toutes couvertes de brasses de lauriers, où des drapeaux se tordent au gré de la brise sur les balcons de fer. Aussi, distinguer quelles furent, soit les plus imposantes, soit les plus curieuses exactement serait chose difficile; le fonds est le même, la forme à peu près semblable avec les variations des temps. On cite souvent parmi les plus lointaines l'entrée d'Ysabeau de Bavière à Paris lors de ses épousailles avec le roi Charles VI. L'imagination historique s'y est arrêtée davantage qu'à d'autres marches pompeuses. Les raisons? d'abord que cette journée radieuse pour le peuple de Paris qui s'amusa fort, fut suivie de par le fait de la reine Ysabeau de beaucoup de jours néfastes; que ce fut un intermède entre deux périodes tristes, entre deux longues coulées de guerre, et aussi et surtout parce que cette joyeuse entrée eut la grande bonne fortune d'avoir un témoin oculaire tel que Froissart qui la conta.

« A la première porte Saint-Denis, ainsi qu'on entre dedans Paris, y avait un ciel, tout étoilé et dedans ce ciel de jeunes enfants appareillés et unis en ordonnance d'anges, lesquels enfants chantaient moult mélodieusement et doucement. Et avec tout ce, il y avait une image de Notre-Dame qui tenait pour figure son petit enfant, lequel enfant s'ébattait à un moulinet fait d'une grosse noix et était haut de ciel et armoyé très richement des armes de France et de Bavière. »

C'était un décor de vignette, ciel de lune de miel; la porte passée, les litières de la reine commencèrent à circuler à tous petits

pas parmi la masse du populaire. Si on songe
à l'étroitesse des rues et à la densité de la population parisienne, eu égard aux dimensions
restreintes de son enceinte, sans compter le
probable surcroît de noblesse provinciale, la
foule devait être aussi serrée et drue qu'à une
fête actuelle. Le cortège arriva à la fontaine
de la rue Saint-Denis, on l'avait parée d'un
drap azur fleurdelysé ; cette fontaine donnait
du claret et du piment, soit du vin ordinaire
et du vin de liqueur, et dit-on, abondamment,
par grands ruisseaux. On avait massé là,
de belles filles de la bourgeoisie qui firent accueil à la reine en chantant ; elles avaient sur
la tête, dit Froissart, chapeaux d'or bons et
riches. C'était assez la coutume de la bourgeoisie, malgré les franchises sujette à bien
des impôts imprévus, d'étaler ce jour-là un
beau luxe de velours, de dentelles, ainsi que
firent les bourgeois flamands à qui cela attira
la guerre. Un couvert aussi des bourgeois de
Paris, ce jour-là c'est qu'ils offraient de beaux
cadeaux, et non point des parures légères que
la reine dût jeter après les avoir quelque peu
portées, mais bien de belles vaisselles d'or,

qu'on portait au trésor royal, non sans les avoir estimées. Et les vases, pots, plats, trempoirs, flacons, aiguières, lampes, écuelles, salières et drageoirs que l'on donna ce jour-là à la reine Ysabeau valaient plus de soixante mille couronnes d'or. Pour soigner la remise de cette grosse valeur, comme on enveloppait un bijou dans un écrin amusant, on les avait fait porter par de faux Sarrasins bien parés et bien basanés. Plus loin, à la Trinité, il y avait Pas d'armes ; un somptueux Richard Cœur de Lion attendait la présence de la reine Ysabeau pour défaire le roi Saladin avec le congé du roi et l'aide des douze pairs de France ; comme c'était petite guerre il est probable qu'il y réussit. A la seconde porte Saint-Denis, la reine Ysabeau retrouva un ciel, c'est-à-dire un château de bois paré de couleur bleue et sans doute orné de belles tapisseries ; on y voyait figurer Dieu le Père, le Fils et le Saint-Esprit, et quand la reine passa sous cette sorte d'arc de triomphe, cela s'ouvrit ; deux anges en descendirent qui lui posèrent sur la tête une belle couronne d'or et de pierreries. « Et sachez, dit Froissart, que

toute la grand'rue Saint-Denis était couverte
à ciel de draps camelots et de soie si richement comme si on eut les draps pour néant et
que on fut en Alexandrie ou à Damas. » Les
maisons étaient en surplus tapissées, et non
d'étoffes simples mais de tapisseries, parées
et vêtues de drap de haute lice de diverses
histoires. C'était d'ailleurs la coutume (1) et
c'était certes un beau spectacle que de voir au
long de la rue, toute cette couleur harmonieuse,
et tous ces beaux dessins de légende et de vie
des Saints ou de galants épisodes de la Table
Ronde. Ailleurs, au Châtelet, on avait bâti
une sorte de garenne, on y avait mis grand
foison de ramée et là on avait lâché mille
oisillons et des lièvres sans compter un lion
et un aigle faits très proprement, et un grand
cerf, et douze jeunes pucelles « très richement
parées en chapelets d'or, tenant épées toutes
nues en leur main et se mirent entre le cerf,
l'aigle et le lion et montrèrent que à l'épée,
elles voulaient garder le cerf et le lion de justice », c'était une sorte de parade, comme

(1) Eugène Muntz, *la Tapisserie.*

une scène de ballet, qui dénote chez son inventeur quelque esprit d'arrangement. Mais sans doute, ce qui charma le plus le peuple de Paris, ce ne fut pas cet étalage de pièces mécaniques et cette petite scène de travestis armés, mais bien ce qu'après avoir traversé le grand pont de Paris couvert d'un ciel étoilé et de vermeil samit, les maisons décorées de blanc cendal, et étoilé de vert, la reine aperçut près de Notre-Dame, c'est-à-dire un engigneur, un acrobate, un maître acrobate qui sur la corde raide, tenant à la main deux cierges, se rendit tranquillement, évidemment sans détour, mais aussi sans se presser et accomplissant en chemin mille gentillesses, de la haute tour Notre-Dame au faîte de la plus haute maison du Pont Saint-Michel. Froissart indique qu'on pouvait voir les deux cierges de cet homme, non seulement de tout Paris mais encore de deux ou trois lieues de loin, ce qui semble indiquer que la vue humaine avait alors plus d'acuité que maintenant, ou qu'on faisait peu de cas de deux ou trois lieues.

Que d'autres fastes pourraient être résumés, tournois comme celui où Henri II trouva la mort, et dont Perrissin a laissé une belle estampe, ou le camp du Drap d'Or, où se ruinèrent trois noblesses, où rivalisèrent les luxes de trois rois. Il semble que ce luxe banal et prodigue ne puisse offrir, sauf ingéniosité de détail, que répétitions! Pourtant un souverain eût pu avoir une pompe magnifique qu'avait rêvée pour lui, un grand artiste. Il s'agit de l'empereur Maximilien et d'Albert Dürer qui dessina pour lui un char triomphal qui eût pu rouler avec Maximilien parmi les rues de Nuremberg, la cité d'art et de richesse, où la maison du peintre érige encore ses hauts pignons.

Sans doute ce char escorté de ces rudes soudards à lames droites suivant des étendards presque rigides où l'aigle à deux têtes s'affirme, de ces soldats casqués, à larges hauts-de-chausses que dessina Hans Burgmair, et qu'il montre en train de prendre des villes, d'accrocher l'adversaire avec la vouge, de regarder tranquillement les bourreaux, perchés sur un volet monté sur quatre tonneaux, faire tomber des têtes d'un coup de large épée, eut parcouru les rues de la cité, dans un grand concours de ces bourgeois, à faces sévères, que Dürer a si admirablement représentés. Il eût roulé près de Saint-Sebald, près de la belle Fontaine, sur le pont des Bouchers, vers la prairie que baigne le Pegnitz. Le char est d'un goût ampoulé et amusant; il semble une énorme conque au milieu de laquelle Maximilien, couronne en tête, sceptre à la main, de l'autre main une branche de laurier, est assis. Aux quatre coins du char, sur une sorte de tabouret rond, comme une coupe plate, debout, quatre femmes à la musculature puissante tendent au-dessus de la tête du souverain des couronnes : c'est la Vertu, la Louange, la Pudeur, la Clémence. Assise derrière l'Empereur, une femme tient tout près de sa tête et au-dessus, une couronne laurée. De la partie postérieure de la conque s'élève, partant de la tête d'un dragon, un énorme ornement courbe, qui s'épanouit en un dais où effulge une face humaine entourée de rayons solaires. *« Quod in cœlis sol, hoc in terra Cæsar est, vera principis imago »*. Ce que le soleil est dans le ciel, César l'est sur terre, la véritable image du prince; ce dais se termine en une sorte de plaque, où un aigle à deux têtes éploie les ailes. L'aigle de l'Empire est également gravé sur le moyeu de la roue, sur les jantes se cabrent deux griffons pour soulever un écusson. Une femme, la Raison, conduit l'immense attelage, et à côté de chaque paire de chevaux énormes lourdement caparaçonnés, deux formes de femmes, de statures lourdes et puissantes autant que la femme qui rêve dans la Mélancolie, tenant chacune à la main une couronne, s'avancent. C'est l'Expérience et l'Habileté qui ouvrent le cortège et toutes les autres qualités les suivent, chacune tenant presque en main un des chevaux robustes du char de l'Empire.

Parmi les très nombreuses descriptions d'entrées royales, une est curieuse, non pas par la beauté extraordinaire de la fête, mais par l'exactitude des planches qui la reproduisirent. C'est en 1744, l'entrée de Louis XV à Strasbourg, lors de son voyage dans la province de l'Est où il tomba malade à Metz. C'est avant Fontenoy à un moment où la popularité s'attacha à lui. C'est un des derniers sursauts de la monarchie que donne cet album de Veis gravé par le Bas; la dernière fois peut-être qu'on acclama le roi de France (on acclama encore et dans la même ville Marie-Antoinette) et puis bientôt ce seront les silencieux cortèges des hommes armés de piques et de femmes en armes qui ramènent à Paris la famille royale de Versailles et puis de Varennes.

Louis XV arrive à Strasbourg par la porte de Saverne, en carrosse de cour très haut, très suspendu, avec deux roues basses devant, deux très hautes roues derrière. Les magistrats ont disposé pour le recevoir hors des remparts une grande tente; toute une cavalerie en un désordre assez ordonné précède le carrosse et immédiatement au-devant des chevaux, les sveltes coureurs à longue canne marchent; à la suite du carrosse, un escadron de cavalerie; à droite les soldats font la haie; à gauche, la foule est groupée en rangs serrés et les acclamations, si on en juge par les chapeaux levés, sont nourries. A la porte de Saverne, le carrosse royal marchant derrière les cavaliers trouve les jeunes gens de la ville, embellis pour la circonstance d'un costume de

Cent-Suisses, chapeau rond, veste large, grègues bouffantes, armés de hallebardes et de petites épées. En face d'eux les soldats présentent l'arme en la tenant croisée, mais très près de l'épaule, avec un angle d'inclinaison assez grand. Sur les balcons en large saillie, sur les auvents de dimensions considérables, tout un populaire est assis; des enseignes où l'art du ferronnier a multiplié ses volutes et ses paraphes, pendent; un cerf décore l'entrée d'une hôtellerie, un cerf poursuivi qui se cabre et bondit. Le cortège se dirige vers un arc de triomphe à trois arcades orné d'une statue du roi entre deux victoires ailées, on voit aussi à cet arc de triomphe une Pallas, une Thémis; derrière les haies des Cent-Suisses volontaires, et des soldats, on se presse à s'étouffer, des carrosses sont enserrés dans cette foule qui attend que le cortège en sa belle et lente ordonnance soit passé. Après l'arc de triomphe, on arrive sur une grande place, pittoresquement remplie de foule; aux petites maisons basses, aux toits démesurés des milliers d'yeux.

C'est sur cette place que le roi rencontre la

députation des jeunes filles de Strasbourg. Il y a deux députations, l'une est composée de bergerettes, l'autre de vingt-quatre jeunes filles vêtues du costume national, les nattes tombant dans le dos, la jupe cloche énorme et sur la tête de petits bonnets ou la mitre spéciale aux jeunes filles de Strasbourg ou l'immense chapeau assez semblable au kakochnik des Russes sauf qu'il était placé sur la tête complètement droit. Cette place dépassée et les jeunes filles complimentées, le Roi arrive devant le principal portail de la cathédrale. Le décor est curieux d'abord par la grande beauté de la cathédrale couleur saumon presque rose, mais surtout par le contraste qui existe entre la cathédrale, le *munster*, les maisons et le palais archiépiscopal qui visible, de la place de la cathédrale prépare, son aspect de fête ; à ce palais moderne tout est blanc, tout est cintré, tout est moellon, tout est stuc. La grande porte se creuse en un portail rond, qui fit la joie des amateurs d'architecture officielle de ce temps. Des statues se détachent en clair sur les pilastres de la porte ; deux saintes ou deux vertus dans de molles draperies à l'italienne et presque en un geste de théâtre, deux enfants jouent à côté d'une corbeille de fleurs ; ce motif est plusieurs fois répété. A côté, les maisons basses, de briques sombres enchassées de bois bruni par le temps, les boutiques voilées par les belles tapisseries conservent leur vieux caractère rhénan, malgré les écrans fleurde-lysés qui parent les fenêtres, malgré les combats mythologiques qui dissimulent les boutiques, où peut-être on vend des grès gothiques et des pintes d'étain. Les toits énormes, avec leurs lucarnes à la courbe creuse qui semblent longuement descendre avec ce fleuve de tuiles, les toits où le nid de la cigogne est ménagé, affirment par leur belle prestance que l'architecture et la sculpture rococo n'ont point tout vaincu ; à côté du palais à la dernière mode de l'archevêque, le Munster étale sa masse puissante, si florée de statues, de statues équestres abritées près d'un pilier, ses trois portails brodés, ses vierges folles, ses vierges sages, sa haute tour flanquée de quatre tourelles, sa plate-forme d'où l'on voit le Pala-tinat, les Vosges, le pays de Bade, cette plate-forme où Goethe hésita entre les deux pays et

entre les deux langues. Et sur le pavé assez
inégal de la place, c'est une profusion de
grands canons et la nef ouvre ses travées
blanches, où les vitraux prodiguent des rayons
de pierreries multicolores au roi et à sa suite.
Certainement il y avait sur la place des costumes nationaux ; le graveur nous les cache sans
doute car ce n'est que coiffes et plis Watteau,
un bourdonnement à la Saint-Aubin autour du
colosse du Rhin. L'archevêque offrit de concert
avec les Stattmeisters et Ammeisters de la
ville et les XXI qui sont le conseil municipal,
une grande fête sur l'Ill. On bâtit sur la petite
rivière calme attenant à la terrasse du palais
archiépiscopal un arc de triomphe à sept faces.
L'Alsace y était figurée comme une Andromède
attachée à son rocher et que le monstre va
dévorer, mais Persée arrivait à temps. Il y eut
des pièces d'artifice superbes dont un soleil
éclaboussant de mille rayons avec la devise
« *Nec pluribus impar* » flamboyante et une
pluie de serpenteaux s'élança sur la rivière et
sur la ville. A un pont de pierre était accoté
un groupe ainsi formé : deux dauphins, la tête
en bas émergeaient au ras de l'eau, et de leur

queue partaient deux colonnes, ornées de joncs supportant une plate-forme où un dieu vénérable, le Rhin, était comme une classique statue de fleuve, penché sur son urne et tel à peu près qu'il fut au mont Adule, avant que le glorieux ancêtre de Louis XV le dérangeât. En face de lui, à bonne distance, supportée par des barques, une construction toute semblable était dédiée à l'Ill. Deux bandes de musique sonnaient sur des barques larges à la bordure toute décorée et supportaient des pavillons en roseaux d'un style rocaille. Sur le pont et sur les quais, faisant face au palais, le populaire de Strasbourg regardait. Il eut grand plaisir à voir un Neptune tirer dans son char qui courait sur l'Ill de nombreuses pièces d'artifice et tandis que des gerbes d'eau éclataient gyrantes comme des grandes eaux ou de petits cyclones, des cygnes lâchés s'envolaient à grand bruit.

A l'hôtel de ville, on fit largesse et tout un bœuf rôti fut dépecé et distribué ; on l'exposa même tout entier sur une estrade, quelque temps, en le flanquant d'un nombre suffisant de découpeurs, le maillet et les tranchoirs à

la main. Le bœuf fut la pièce de résistance
et comme le plat central d'un service considérable de volailles. Des fontaines de vin
coulaient, des pots à feu éclairaient la cour
de l'hôtel de ville; sous le porche une belle
décoration brillante de feux montrait un soleil
armorial. Partout à tous les étages, aux
balcons, d'où une foule bien parée assistait
joyeuse au repas de la menuaille, c'étaient des
cordons de pots à feu grands et petits alter-
nant en un feston qu'on avait voulu esthétique. Il y avait sur les toits des dauphins
pourvus de lumières de fête; à toute surface
on plaçait une lueur, et la grande foule en
bas, sous les fenêtres brillantes où les lumières
avivaient les parures, manifestait une vive
allégresse, les pintes à la main ou les chapeaux levés en vivats.

La cathédrale fut aussi toute revêtue de pots
à feu, l'Estampe dit : Ensemble de la cathédrale, de ses clochers, plate-forme et tours
en flèches d'architecture dans toutes ses parties avec ses quatre tourelles, dans chacune
il y a un escalier en escargot, le tout à jour
entièrement illuminé ainsi que les balustrades

de la plate-forme, celles des galeries et en toute sa longueur le comble de la nef avec des pots à feu remplis d'une matière propre à résister aux injures du temps.

L'illumination de la cathédrale dura tout le séjour du Roi. Les petites maisons de la place brillaient chacune d'un dauphin effulgent ; les pots à feu de la cathédrale montaient en brouillard ardent jusqu'à la croix de feu qu'elle tendait sur toute la contrée ; cela éclairait mieux les colonnes vermiculées et l'architecture mièvre du palais de l'archevêque tout voisin, et à la clarté de cette immense église le peuple de Strasbourg dansait des rondes.

La ville offrit au Roi un vin d'honneur ou plutôt ce fut la glorieuse corporation des tonneliers. On sait qu'au moyen âge allemand dans certaines villes, les tonneliers jouirent des privilèges et d'une estime qui approchait le maître tonnelier du gentilhomme. Le Roi les reçut dans le palais de l'archevêque, sur la terrasse qui borde l'Ill, et d'où déjà il avait assisté au feu d'artifice. Cette fois il vit un beau cortège de tonneaux tirés à deux ou quatre chevaux, de tonneaux d'art ; l'un était

si bien fait que sans qu'on voie une seule
ligne de suture on en pouvait tirer trois vins
différents. Les chevaux étaient chevauchés par
des postillons à la mode du temps et les
tonneaux par de forts Bacchus et de vigoureux
Silènes, couronnés de lierre. Le vin bu, les
tonneliers montrèrent leurs jeux qui con-
sistaient à former en étendant des cercles de
tonneau une sorte de coupole. Chaque cercle
était continué par un homme; au milieu de
la coupole, sur une toute petite plate-forme,
un compagnon exécutait des habiletés d'équi-
libre; il y eut aussi des danses où le cercle
du tonneau réduit à l'état de cerceau jouait
un rôle, et les figurants de ces danses, vêtus
de chemises de soie fine, ornées de dentelles
fines et de branchages, la tête ceinte de lierre,
étaient bien persuadés que les compagnons
de Silène, les jours de vin d'honneur à Bacchus étaient, tout semblables à eux. Les boulangers vinrent aussi apporter au roi une
tourte énorme garnie de fleurs et pâtisseries
diverses, fleurs de sucre de couleur bien
entendu et cette tourte était portée, sur bran-
card, par quatre hommes; en forme de terrasses

superposées à colonnades monumentales, elle était digne de la réputation de l'Alsace, pays des pâtisseries colossales. C'était de la pâtisserie de Terre Promise, avec le mode de transport qui fut appliqué aux raisins de Chanaan. Les boulangers pour quelque belle conduite de leur corporation durant un siège, avaient le droit de porter l'épée; c'est des jeux d'épée qu'ils montrèrent au Roi. Ils faisaient, comme les tonneliers, tenir un homme debout et en l'air au centre d'un cercle d'épées.

La batellerie donna au Roi ses jeux de bague et son jeu d'oie. Le lieu de joute fut délimité sur l'Ill dans l'espace qui avait été marqué au feu d'artifice, par le Rhin accoté au pont et appuyé de deux barques symphonistes d'une part et de l'autre par l'Ill appuyé parallèlement sur ses flancs par deux barques décorées, portant des bandes de musique et surtout de tambours et de trompettes. Au jeu de bague, deux combattants étant disposés l'un sur l'avant et l'autre sur l'arrière d'une barque, munis tous deux de perches de quinze pieds de long, terminées par une sorte de bouclier rond, il fallait que l'un précipitât l'autre dans les flots. Ce qui fait l'éloge de la batellerie de Strasbourg, c'est que non seulement les hommes luttaient pour la gloire et le prix, mais encore les femmes, femmes contre femmes. Sans doute on repêchait le vaincu avec hâte. Les bateliers surmontaient leur chef d'un bonnet de coton, les femmes étaient presque en atours pour le combat; le bouclier de Clorinde devait d'ailleurs être poli comme un miroir. Il fallait aussi, dans d'autres jeux, couper avec une lance des cercles de tonneaux montés sur pivot (et la barque marchait de toute la vitesse de huit solides rameurs), ou décoller à coups de sabre des figures flottantes. Enfin il fallait décoller aussi un canard ainsi placé : une barque supportait une sorte d'arc de triomphe, un dispositif en fer à cheval orné de roseaux; il fallait sauter et couper le cou au canard, sans faire tomber un baquet placé sur pivot dont le déclanchement faisait lui-même tomber à l'eau, un triton, ce qui était salué par une grande gaîté et rendait nul le coup. Il y eut aussi une pêche artificielle. On pêcha dans un bras de l'Ill du poisson placé de la veille, et pendant ce temps-là, tout le quai était couvert de vastes rondes, où sans doute toute la bourgeoisie et le populaire se mêlaient, chantant, fraternisant, acclamant le Roi et la Cour.

Pour cette circonstance la ville avait magnifiquement habillé l'élite de ses jeunes gens, en hussards; et le narrateur vante les passepoils d'argent et les beaux manteaux doublés de martre, de leurs officiers.

La royauté n'était pas encore impopulaire, car les rues en tout ces parcours ne sont garnies de troupes que d'un seul côté et les assistants occupent à leur guise l'autre côté de la rue.

DEUXIÈME PARTIE

CHAPITRE IX

Paris se renouvela sous le second Empire. Plusieurs idées présidèrent à ce formidable travail.

D'abord, le nouveau gouvernement voulait détruire les rues étroites, rendre impossible des faits, tels que la défense du Cloître-St-Merri, de la rue Transnonain, de la rue des Prouvaires et abattre les parois naturelles des barricades; il lui fallait un Paris stratégique, un Paris facile à balayer de charges de cavalerie. De là ces grandes voies droites, larges, directes, reliant de grandes places. De plus, il fallait reprendre sans soulever leur ancienne dénomination, les ateliers nationaux, et donner aussi à la spéculation l'occasion de s'exercer. L'Enrichissez-vous des ministres fait face à l'Extinction du Paupérisme rêvé par le Sou-

verain.. De ces trois mobiles, peu nobles, car
en recréant les ateliers nationaux sous couvert
d'équipes au service de la Ville de Paris, on
voulut embrigader les ouvriers au nouveau
régime bien plus qu'on ne souhaitait leur être
utile, est résulté une œuvre qu'ont légitimée
des raisons d'hygiène et de moderne beauté.
Le caractère sans doute y perdit, et l'intérêt
de l'évocation historique. De vieilles pierres
tombèrent avec des pans de légende et de
chronique. Paris se costuma en ville fraîche,
mais aussi Paris entrait dans les directions de
l'avenir, se transformait pour devenir une cité
propre, pourvue d'eau saine, baignée d'air,
autant que faire se pouvait. Par-dessus la réalisation apportée par le baron Haussmann et
les préparateurs de ses travaux, les cervelles
travaillèrent et l'on commença à former des
plans de ville; les utopies s'en mêlèrent et
aussi les poètes et les artistes s'intéressèrent
à la constitution d'un nouveau décor urbain.
L'agrandissement de Paris depuis Louis XIV
avait apporté beaucoup de bâtisses sans grand
caractère. On ne pouvait trop regretter la reconstruction de Paris, ville d'affaires, toujours

en transformation parce que vivante, au même titre qu'une reconstruction fâcheuse de quelque ville demeurée musée : un Nuremberg ou un Bruges. Ce fut aussi depuis la naissance des forces nouvelles de traction et de communication. une modification dans les chimères. L'artiste ne pouvait plus rêver uniquement à des coins de silence, de charme, de solitude, à des coins de province campagnarde enclavée dans Paris, ou à des rues comme Saint-Louis en l'Ile, dont Sainte-Beuve avait si bien noté la grâce vieillotte. Au long des quais, près des logis qui avaient abrité les conversations érudites chez Nodier, les propos d'art de l'hôtel Pimodan où Gautier et Baudelaire tout récemment parlaient de plastique avec Clesinger, il y avait longtemps que ce n'était plus des voiles et des trains de halage qui glissaient, mais la sirène des remorqueurs qui mugissait et les bateaux à vapeur descendaient et remontaient la Seine. Déjà des peintres impressionnistes tâchaient d'incorporer à l'art la vie nouvelle du chemin de fer, les gares tonnantes, la vitesse des trains, comme déjà le maître naturaliste Zola s'étudiait à les décrire. Le socialisme, qui porte en lui son rêve de Jérusalem nouvelle et cherche à le composer avec des éléments du présent, tentait à se figurer la ville future aménagée pour le plus grand confort de tous, pour la distribution du luxe au plus grand nombre d'humains, et la joie de parures sur le plus d'épaules de femmes, sur toutes, si l'on pouvait. Voici, bien avant Bellamy, un utopiste qui réorganise pour le meilleur état social la grande ville moderne. Ce n'est pas un romancier dont nous allons parcourir l'utopie, ce n'est pas non plus un homme politique purement et simplement; Tony Moilin qui fut fusillé en 1870 tout près de l'ambulance où il donnait ses soins à des blessés, était un médécin savant et connu par des travaux spéciaux.

Son Paris en l'an 2000 est aux mains du gouvernement socialiste qui a déjà nivelé les fortunes et centralisé la propriété sans dépouiller personne. Le moyen qu'a trouvé Moilin lui paraît bien simple; les propriétaires et les rentiers touchent en rentes viagères, le même taux de rentes qu'ils pouvaient posséder avant l'avènement du gouvernement socialiste, mais tous les revenus sont imposés de cette façon : impôt sur le revenu proportionnel jusqu'à douze mille francs, total à partir de douze mille francs. La ville étant tout entière à elle-même, c'est-à-dire toutes les maisons appartenant à la cité, on a étudié les améliorations possibles.

Le gouvernement socialiste a immédiatement fait preuve du plus grand bon sens. Les architectes consultés voulaient qu'on démolît tout, puis qu'on reconstruisît des maisons modèles. « Heureusement le gouvernement était aussi prudent qu'économe. Il rejeta les plans des architectes et préféra utiliser les maisons de Paris, telles qu'elles étaient plutôt que de se lancer dans le système coûteux d'une démolition et d'une reconstruction universelle. »

D'abord le gouvernement perça les murs mitoyens à la hauteur du premier étage de chaque maison, et créa dans chaque pâté de construction, une rue-galerie qui eut la hauteur et la largeur d'une rue ordinaire. Sur chaque rue fut jeté un pont couvert qui continuait cette

rue-galerie en dimensions absolument pareilles. Des ponts couverts identiques traversaient
les boulevards, les places et la Seine de sorte
que la rue-galerie n'offrait aucune solution de
continuité.

Le résultat fut que les anciennes rues furent aussitôt abandonnées, que les Parisiens
refusèrent de s'exposer désormais aux intempéries. Les femmes s'y pouvaient promener
décolletées, des fleurs dans les cheveux et les
hommes en tenue de soirée. La quiétude du
home et son intimité y pouvait perdre ce
qu'on gagnait en commodités diverses, mais
ceci préoccupe peu notre utopiste, qui non
content d'avoir ouvert dans les maisons cette
grande artère intérieure, la fait communiquer
à des couloirs qui forment une autre rue ininterrompue; c'est la rue à tous les étages, car au-
dessus du pont couvert, des passerelles mettent
une communication universelle dans toute la
ville. Où les maisons furent trop vieilles, on
les abattit par carrés de constructions; on y
édifia des cités modèles, pourvues aux quatre
coins d'escaliers monumentaux avec des ascenseurs, évidées au milieu au profit d'un jardin.

Les sous-sols étaient aussi renouvelés et un chemin de fer souterrain transportait par tout Paris les choses encombrantes dont ont besoin tous les ménages, le vin, le charbon, le bois et autres denrées.

Au-dessus du sol, au milieu des boulevards, sur des viaducs de fer dont la perspective droite et ininterrompue offrait à l'avis de Moilin, un charmant coup d'œil, les lignes venant de la province et de l'étranger convergeaient vers le palais international, la perle de la cité; outre de débarquer bien au centre de la ville, les arrivants avaient cet avantage de former avec le Palais une sublime allégorie : c'était Paris accueillant les peuples.

Le Palais international occupait toute la surface de la cité et de l'Ile-Saint-Louis, qui avaient été préalablement déblayées et qu'on avait réunies en comblant le bras de Seine qui auparavant les disjoignait. Ce palais avait la forme d'un navire, la proue à l'extrémité de l'Ile-Saint-Louis, la poupe au terre plein du Pont-Neuf. A la proue et à la poupe s'élevaient trois immenses étages de terrasses et de colonnades; sous la plus basse, l'auteur, méticu-

leux, stipule que lorsqu'elle est inondée, c'est
là un endroit très commode aux Parisiens pour
satisfaire leurs goûts de canotage, et si elle ne
l'est pas, ils peuvent vaquer à la pêche à la
ligne qu'ils aiment tant. De chaque colonnade
on a un point de vue de plus en plus vaste
et vertigineux. Les côtés latéraux sont unis,
cintrés et percés de belles fenêtres. Et Notre-
Dame! dont la cité était encombrée, on l'a rasée,
mais pour mettre à sa place le Temple de la
Religion Socialiste, palais immense, qui écra-
serait tout autre contenant que ce Palais
international qui l'entoure ; temple où l'on admire l'audace inouïe de colonnes gigantesques. La chapente de ce temple est le triomphe
du fer ; l'intérieur est paré de musées, et des
vitraux splendides le décorent. J'aimerais dé-
tailler davantage ce qu'eussent été ces colonnes et ces vitraux ; mais Moilin n'est pas sty-
liste et se tient dans des adjectifs généraux.
Il a hâte d'ailleurs de retourner à la percep-
tion de l'impôt et à la description de son âge
d'or, dans sa cité de rêve pratique.

Si utopique soit cette utopie, si générales
et vagues soient ces généralités, il faut ad-

mettre, que quelques-unes des idées qu'ac-
cueillait Moilin, ont fait du chemin, notamment la construction en fer; la galerie des
machines est bien une sorte de nef comme il
en prévoyait. Pour le surplus, Moilin paraît avoir été dominé par l'idée du Passage,
c'est même l'hypertrophie de l'idée du passage qui lui suggère ses plans. A ce moment,
ils florissaient; à ce temps, la cohue venait
encore aux Panoramas, comme dit Musset;
leur prestige semble éclipsé.

C'est une idée logique, dérivée soit du bazar
oriental, soit des galeries couvertes de la basilique latine, et des colonnades qui la suivirent, d'ouvrir au plus beau de la cité, un
refuge contre la pluie et la boue et de munir
ces galeries de boutiques où l'on exhiberait
de jolies choses, et les passages eurent leur
temps de gloire, de splendeur, de foule et de
belle lumière.

Ce fut aux Panoramas que les thermolampes
de Le Bon apprirent aux Parisiens les beautés
nouvelles du gaz. Toutes les capitales étrangères voulurent se tenir au courant et l'on perça
partout des halls vitrés, mais on avait compté

sans l'hygiène, on n'avait pas prévu le spectacle triste des poussières s'accumulant sur les vitrages; dans presque toutes les grandes villes, les passages sont devenus des promenoirs désolés, où se promènent des ombres d'élégance évoquant de tous récents souvenirs déjà fanés, attristés et même équivoques. Les musées de cire dans plusieurs villes, y ajoutent l'horreur de leur pseudo-statuaire, le vieillissement des défroques qui furent neuves, une saison, leur exhibition de célébrités périmées; c'est du vieux neuf, c'est pis, c'est du neuf cassé et fendillé, et oublié, et poussiéreux.

Nous n'avons pas rappelé le livre de Tony Moilin à cause des trouvailles de son hypothèse, mais parce qu'il est le premier en date d'utopies du même genre et qu'il est le premier signe d'un état d'esprit qui fut assez fréquent chez les hommes qui virent le bouleversement récent des cités. D'ailleurs Bellamy, dans son Locking Backward, n'est pas beaucoup plus vraiment neuf que Moilin; il est moins imprévu, car moins fantaisiste et il se borne à situer dans sa ville idéale, de grands squares, de grands magasins généraux, des théatrophones dans les appartements, etc..... Les sociologues n'ont apporté sur ce point, ni des projets bien topiques, ni des modifications bien esthétiques, bref un soin d'art très médiocre. Mais les poètes aussi se préoccupèrent de cette modification de la cité, elle avait une place dans leur conversation et dans leurs œuvres. Durant que le naturalisme essayait à sa façon une symphonie de Paris (le mot courut, et sans qu'on en sache bien exactement l'auteur, caractérisa ce genre d'hypothèses et de rêveries) les poètes y pensaient aussi. Zola prit naturellement la question à son point d'existence et l'étudia par le détail, c'est-à-dire attaqua dans les Rougon-Maquart, parallèlement à son sujet, une série de descriptions partielles de Paris; les Halles dans le *Ventre de Paris*, des décors plus élégants dans son *Excellence Eugène Rougon,* les quartiers populaires, dans *l'Assommoir; Une Page d'Amour,* avec ses célèbres descriptions de Paris vu de Passy, synthétisait ce portrait de ville actuel. Les poètes cherchaient à fournir du nouveau grouillement et de ses architectures fraîches, une image plus courte et condensée. On trouvera un écho de ces désirs dans *le Nocturne,* de Verlaine (*Poèmes Saturniens*), une vision de Seine, et à côté, des poètes Parnassiens, essayaient de partielles descriptions aimables, parisiennes, mais déviant très vite en anecdotes ou en sentimentalités ; Rimbaud est celui en qui aboutit cette ambition, mais de façon originale et particulière, comme il convenait à ce cerveau bouillant et personnel. Dans les *Illuminations* où Rimbaud a voulu donner avec le relief strict du poème en prose une polychromie violente, inspirée un peu par la vue des albums anglais, se trouvent sous le titre *Villes* des coupes psychiques, des présentations rapides, non point du Paris récent, mais de villes futures, combinées avec des impressions de Paris, des impressions de Londres, et des hypothèses qu'encourageait la diffusion des nouvelles lumières et des nouveaux procédés, emploi du fer, etc.....

Ces villes seraient pourvues de châlets de bois et de cristal glissant sur d'invisibles poulies ; autour des usines, des colosses ornementaux de cuivre, des arbres de métal, des palmiers pareraient la laideur de l'entour actuel des lieux du travail. Sur les canaux ou les fleuves, passeraient des fêtes amoureuses. Aux cérémonies prendraient part (et la ville serait toujours en fête) des corporations de chanteurs, la parcourant dans un grand bruit d'harmonie et un faste d'oriflammes, on les écouterait des terrasses plantées d'arbres sur les auberges. Rêve d'artiste, soit, mais on possède déjà les châlets de fer démontables. et on commence à planter des jardins sur le haut des maisons, terminées non plus en toits déclives, mais en terrasses.

Une autre ville qu'esquisse Rimbaud : c'est sous un ciel gris une acropole, point central; dans cette ville on a accumulé (en un goût d'énormité singulier) les plus belles merveilles passées de l'architecture. Palais italiens, sans doute à côté de maisons gothiques, mosquées près des Trianons, parade de souvenir, de science et de richesse. (En Amérique, on exécute assez fréquemment des reproductions de maisons célèbres et historiques pour s'y loger). Un grand travail per-

mettrait d'aménager des parcs comme s'ils
étaient des aspects de forêt vierge, et l'art en
toute son ingéniosité tâcherait de rivaliser avec
l'apparente improvisation de la Nature. Dans la
ville, un bras de mer (une étendue d'eau au
moins) serait ménagée pour couler lourde et
seule contre des quais, sans nefs ni barques,
aucun autre ornement sur les quais que d'immenses candélabres de pierre, pour donner à la
ville, le plaisir esthétique de l'eau. On circulerait
presqu'à vol d'oiseau sur cette ville, en utilisant une foule de ponts et de passerelles, et
on apercevrait au-dessous de soi, de vertigi-
neuses profondeurs habitées. Il y aurait des
coupoles d'acier virant sous les pressions mécaniques, et l'artifice de toutes ces passerelles
serait qu'on ne pourrait savoir si tel point
de la ville est plus élevé ou plus bas que l'a-
cropole. Le commerce serait resserré tout entier dans une sorte de Circus, de Bourse
circulaire, avec des loges, rappelant un peu
la description du palais des Syssites, où Flaubert nous peint la réunion des grands marchands de Carthage. Les faubourgs seraient
aussi beaux qu'une belle rue de Paris à la-

quelle ils ressembleraient et les maisons peu à
peu s'espaceraient dans les jardins et la ville
s'émietterait ainsi dans une campagne riche.
Fantaisies et rêveries sans doute, mais dont
quelques points élémentaires sont déjà réali-
sés. Et nul doute que dans l'œuvre des poètes
qui vécurent lors de la période antérieure à
1870 bien des pages semblables existeraient
n'eût été la difficulté de concréter sous une
forme littéraire ces perceptions architectu-
rales, dont Beaudelaire avait donné une indication dans *le Rêve Parisien* (*Fleurs du Mal*);
sans doute dans les propos échangés, Beaudelaire et Guys ont dû souvent agiter l'idée
d'une cité plus belle, plus neuve et confron-
ter à Paris, Londres énorme et brumeux. Mais
encore étaient-ils plus absorbés par les vivants qui passent que par les architectures, de
même que Poe dans l'*Homme des foules,* ne
nous indique le paysage de pierres et de lumières que très brièvement et simplement
pour ponctuer l'allure de son énigmatique héros. Pourtant si l'on peut regretter que le
contact d'un dessinateur aigu comme Guys et
d'un poète pénétrant comme Baudelaire, ne

nous ait valu une pénétrante étude sur la Rue, faut-il plus encore s'étonner que l'auteur du *Domaine d'Arnheim,* si attiré par les questions d'esthétique ornementale, ne nous ait à sa guise figuré un futur Broadway. L'explication de cette lacune dans les œuvres de Poe et de Beaudelaire ? Peut-être la brièveté de leur vie douloureuse ; on songera que Poe ressentait au plus haut point l'horreur du moderne, et que sans doute il n'apercevait pas d'amélioration possible à la laideur des avenues de style industriel ; mais il faudrait se reporter à ceci que ce n'est point avec des ressources archaïques, mais purement avec un essai de proportions harmonieuses, que Poe régénérait idéalement la beauté de la maison et du jardin.

C'est à la campagne en un coin isolé que Poe édifie la maison esthétique ; il a été peu suivi pratiquement et il est probable que les entrepreneurs américains qui pourtant avaient l'occasion d'édifier d'un coup de petites villes n'eussent pas eu assez de brocards à l'usage d'un poète qui aurait voulu leur apprendre autre chose que la plantation de rues se coupant à angles droits, autour d'une place sur une des faces de laquelle, se trouve de principe, un temple ou une église.

William Morris nous a conté également son rêve de cité future, dans *les Nouvelles de nulle part,* roman utopique. Comme dans tous les romans de ce genre, un homme s'éveille cent ans plus tard qu'il ne s'est endormi. Mais au lieu, comme Bellamy, de tâcher d'éblouir son lecteur par un incendie prestidigité, Morris artiste vrai, ne cherche aucun stratagème; et simplement son héros s'éveille et constate que tout a changé autour de lui, dans le faubourg d'Hammesmith où William Morris possédait ses manufactures de papier peint.

L'école préraphaélite à laquelle tient William Morris, si elle a apporté à l'art des aspects neufs, en a puisé les éléments dans l'archaïsme, et tout son accessoire procède des primitifs italiens, comme son étiquette d'ailleurs l'indique. Si Watts, Burne Jones et Rossetti tranchent sur toute autre peinture, c'est qu'ils n'ont pu s'empêcher de traduire tout de même du lyrisme moderne et la beauté qu'ils avaient sous les yeux. Morris ajoutait le socialisme à des préoccupations d'archaïsme, d'art plastique et scripturaire; aussi dès sa sortie de chez lui, son visiteur de la cité nouvelle rencontre un batelier, qui le transporte et le promène pour rien, puisque nous sommes en plein âge d'or; ce guide est paré d'un costume dont la coupe rappelle ceux du XIVe siècle, qu'inventaire fait de toutes les vestitures de l'humanité, Morris trouve le plus commode pour un Londonien de l'avenir. Londres est bien changé, on l'a infiniment élargi par des démolitions raisonnées. Au lieu d'être la ruche énorme aux maisons pressées, trop hautes dans le centre, trop serrées encore dans les quartiers excentriques, c'est une ville ou plutôt un groupement de villages séparés par des bois, par des jardins. Piccadilly est un joli groupe de magasins; on n'y vend plus rien, on y donne tout, et les choses les plus luxueuses. L'homme du XIXe siècle essaye d'acheter une pipe et du tabac; il a grand peine à faire comprendre à son compagnon ce que c'est qu'acheter; quand pour jeter un peu de clarté dans le dialogue, il lui montre de l'argent, son guide s'y intéresse comme à une collection de médailles; il en a vu de pareilles au musée,

mais on en a peu gardées, car elles sont ines-
thétiques, on préfère des coins plus anciens
du temps de la Reine Bess. La pipe qu'on
donne au survivant de nos âges de fer et de
fonte est sertie d'or et de pierreries, on y
ajoute le don du tabac et on lui remplace sa
blague à tabac qui hier luxueuse, étonne en ce
renouveau par sa mesquinerie, puis on ajoute
à ces dons la libéralité de vin paille dans des
verres de forme exquise. Le voyage à travers Londres se fait en voiture comme la
promenade sur la Tamise s'est faite en barque
et à la rame. Le progrès, le faux progrès a
disparu, de même que Manchester, Birmin-
gham, Sheffield et toutes les villes de fer ont
été démolies comme rappelant un souvenir
plein d'horreur; démolies aussi toutes les
constructions qui entouraient l'abbaye de
Westminster et déménagées les statues. La
gloire a changé, on ne comprendrait plus ce
qu'était un heureux capitaine, un ministre,
ou un évêque. De même quand le survivant de
notre siècle s'étonne de ne pas voir de pauvres,
on lui répond que s'il y en a, ils préfèrent évidemment rester dans leur chambre ou se prome-

ner dans leur jardin et ne point s'exposer aux fatigues de la marche ; pauvre veut dire malade dans la langue nouvelle. Le pauvre par pénurie d'argent n'existe plus. De même quand le survivant s'inquiète de savoir pourquoi un vieillard qu'il rencontre habite une maison moins belle que celle des autres, moins ornée, on lui répond que ce doit être sa fantaisie, car rien ne le force à habiter une maison plutôt qu'une autre, ce qui évidemment est d'une époque future. Les maisons de Londres entourées toutes de jolies bouquets de verdure sont en général basses, en briques roses, ornées d'un toit de plomb ornementé ; les portes sont de beau métal bien ouvré, les meubles de chêne lourd, et fidèles à des modèles très anciens. L'impression générale est d'une belle et large vie campagnarde avec des mœurs d'Arcadie.

CHAPITRE X.

LA RUE ACTUELLE, LA POLYCHROMIE DE LA RUE
PAR LES COULEURS DES FAÇADES, LES AFFICHES
ET LA LUMIÈRE.

Deux forces tyrannisent l'architecture de
la rue. L'une, c'est la législation, par les ordonnances de voirie qui n'admettent (1) pas les
saillies de plus de cinquante centimètres. Un
règlement semblable mais en vigueur sous
Louis XIV en a fini avec le décor de la ville
du moyen âge à auvents démesurés, à poivrières, tourelles à panse forte avançant sur la
rue. C'est la même défense, et l'obligation de
l'alignement qui continuent à nos rues un

(1) Une nouvelle législation va être adoptée sur un
rapport de M. Cherioux, au nom d'une commission spéciale qui augmente la liberté des architectes et autorise
les dernières innovations tolérées. encorbellements, bow-
windows etc...

aspect, non plus seigneurial comme sous le Roi Soleil, mais rectiligne et cossu. La seconde force, c'est l'habitude, le cant, le sentiment de la noblesse et de la tenue, plus ou moins bien compris.

Comme en des temps qui nous précédèrent de peu, de même qu'en d'autres lieux et à d'autres époques, ce fut le règne de la brique, c'est aujourd'hui à Paris le règne de la pierre blanche, du moellon. Aussi la tuile qui donnait de jolis effets soit de jeunesse audacieuse et écarlate sous le soleil, ou bien disait son âge avec mille agréments de ses mousses et les figurations bizarres de ses lézardes, a fait place à la régulière ardoise et même à la feuille de tôle ou de zinc. On voit, si l'on a l'occasion de dominer des toits à certains jours, après les pluies, ces tôles s'iriser de gracieuses et changeantes couleurs et l'averse séchant sur leurs pentes, donne des effets de marécages subits, aux tons de burgau et de rose faux, de perles irisées; vus d'en bas, de la rue, ces toits de couleur blafarde attristeraient plutôt le paysage. Leurs partisans déclareraient qu'ils en relèvent la majesté, en accentuant en

leur sens ce que ces toits offrent certainement de monotonie. La tuile chassée des
villes, des grandes villes est allée à la campagne et là, aux villages sur les fermes elle
exproprie le chaume; elle y a bien souvent
des aspects trop crus et trop neufs et le pittoresque perd quelquefois à sa confrontation
trop brusque avec les verdures; dans la ville
elle avait plus d'accent que les lames grises
où les ondées laissent, après leur amusement
irisé, une salissure. Les toits de zinc concor-
dent en majesté fade avec le moellon.

Tout ce blanc de la ville avec des ferronneries d'une seule couleur, égayées non pas
même de fleurons dorés, mais simplement, au
cas d'annonce, de lettres d'or, procède bien
un peu encore du grand siècle. Versailles, tel
que le voulurent les architectes du roi, fut
bien le modèle qu'eurent sans cesse sous les
yeux et dans la mémoire, ceux qui précisè-
rent les travées nouvelles dans Paris et les
bordèrent de constructions similaires; les
bâtiments à l'usage de la bourgeoisie qui a
érigé le noir en couleur de cérémonie, en couleur distinguée et selon son argot, comme il

faut, exagérèrent encore le neutre désigné pour être la bonne tenue par les générations de la dynastie d'Orléans et du second Empire. Sous le toit gris, sur la façade grise avec le très léger relief parfois de fausses colonnes, la maison étale un plastron impeccable ; comme une cravate et une ceinture se correspondant, deux balcons courent devant des fenêtres privilégiées, les ferrures sont symétriques comme des boutons de plastrons et de sobres breloques, sur la façade. La porte cochère est épaisse, hermétique ; ses vantaux clos ont une face discrète de notaire qui garde son secret ; un petit bouton de cuivre caché dans le mur est là, presque invisible Sésame. Pas de marteau de porte ; à peine en haut quelque ferrure passée au noir, sur deux vitres dépolies ou d'épais cristal strié. Si la porte s'ouvre, c'est, ou bien la cour froide bien pavée sans autre ornement que quelques harnachements accrochés pour un temps très bref, à côté d'une remise badigeonnée d'un brun assez laid, ou bien c'est la cage d'escalier qui fut si longtemps sombre, couleur acajou, et s'enfonçant dans un colimaçon d'ombre ; parfois

un blanc marmoréen lui prêtait, c'était le cas
le moins fréquent et le plus intéressant, ses
clartés. Sur l'édifice se modelèrent les repos
de la rue, les trous creusés dans le tuf, des
alvéoles pour les passants, les cafés qui furent
blancs, à banquettes rouges ornés de lustres
en faux or faux. Les foyers de théâtre eurent cet
aspect de corridors vides et cirés avec quelques
banquettes d'attente ; les magasins offraient
aux yeux du passant, comme une ou plusieurs
caisses rectangulaires (selon leur grandeur)
dont une des parois eut été enlevée et rem-
placée par les transparences d'une plaque de
verre. Les attelages qui couraient les rues
furent harnachés de sévère cuir noir, sobre-
ment orné de blanc métal poli et même les
chevaux noirs étaient préférés. Tout se courbait
sous cet idéal blanc et noir, noir poli et blanc
mat, dont un clubman en tenue de soirée donnait le thème et la synthèse. Néanmoins l'instinct, l'intelligence, la nécessité poussent à une
polychromie plus complète. Il semble que ce
fut la femme qui tint ferme aux principes de la
polychromie et les conserva dans les mœurs,
avant qu'elle ne commençât à passer dans les

lois, c'est-à-dire dans l'officialité, à revenir, à renaître, ce qui fut l'embryon d'une future Renaissance architecturale. La femme en effet, n'abandonna jamais son droit à porter des couleurs éclatantes ; à tous les anglomanes qui lui vantaient le chapeau de soie, le complet noir, ou foncé, et lui vantent encore les étoffes anglaises aux tons sombres, elle riposta, sinon en théorie du moins en fait, en continuant à porter toutes les couleurs de l'arc en ciel, et leurs infinies combinaisons. Elle se rattacha par le corsage et la jupe à la tradition du XVIIIe siècle. Elle bénéficia des tons et des coupes abandonnées par les armées comme trop clairs ou dispendieux. Quand on découvrit les Japonais, la femme comprit la chevelure et la coiffure des Japonaises et les épingles dorées et les peignes et les disques d'écaille ou de métal brillant et de pierreries serties ; elle comprit à merveille les dessins florés des robes japonaises, les rapprocha des bandes brodées des vieilles tapisseries et des vieux manteaux de cour et opina qu'il fallait selon une sage balance de la mode, se servir des deux modèles. Aux saisons où l'on aima

la Grèce, la femme se coiffa comme les Tana-
gréennes, adopta les plis de leurs manteaux,
et les inscrivit dans des nuances de blanc
qu'il fallut bien relever par des bijoux au
moins, et certaines pierreries. On leur apprit
que l'antiquité avait été mal jugée, que la
polychromie y jouait un rôle considérable.
Elles eurent un léger sourire pour les érudits;
elles savaient déjà; elles se conformaient au
blanc, ramagé d'or et d'un peu de pierres
précieuses pour ne chagriner personne mais,
elles savaient bien qu'une Hélène ne pouvait
se refuser la parure des couleurs. Quand on
retrouva les Préraphaélites, les anciens d'avant
Raphaël et les nouveaux d'après Maddox
Brown, elles se firent très rapidement une
idée nette du moyen âge. Telle étoffe qu'elles
portèrent à leurs manches, aranéenne et
jonchée de fleurs violettes, un roi Mage les a
sur les siennes en un tableau de Lucas de
Leyde. Toutes les belles parures des saintes,
des martyres, des anges de la peinture flamande et italienne y passèrent. De la coiffure
à la couleur de robe, elles furent toujours, autant que leur face s'y pouvait prêter selon la

mode, l'incarnation d'une époque, d'une anecdote d'époque. La science et la critique d'art
sont venues leur donner la main, et il faudra
enregistrer dans l'histoire du féminisme, dans
sa période de formation, qu'il y eût une victoire des femmes luttant pour la couleur.

Elles donnèrent un analogue à la poudre
du XVIIIᵉ siècle une coquetterie également
paradoxale par les blondeurs d'or apocryphe;
elles obtinrent, pour la diriger parfois, la petite
voiture de bois verni qui semble un jouet, elles
furent la tache de couleur éclatante des escaliers froids et monumentaux des bâtiments offi-
ciels, jusqu'à ce qu'on leur en dressât un dans
Paris, où, comme dans Venise, des matières de
couleur rappelaient sur les murs leurs notes
bigarrées. L'Opéra fut le manifeste premier
du nouveau régime.

Elle apparaît, maintenant, bien timide, la
polychromie de ce grand édifice; on la juge
trop régulière, pauvre dans le choix des
matières, pourtant plus riche qu'ornée et
qu'harmonieuse. La bourgeoisie et la critique
en furent bien déçues et en ce pays où l'on
mêle perpétuellement, même sans avoir bien

la notion exacte, l'art et la morale, beaucoup
de Parisiens se sentirent offensés dans ce
cant qui modelait le strict de leurs habits noirs,
de leurs complets foncés, et de leurs maisons
en moellons. On déclara surtout, que, sans chi-
caner le talent de **M. Garnier**, car en somme il
présentait la mise en œuvre de pas mal de
millions et en acquérait une énorme importance, on insista surtout sur ceci, qu'il s'était
trompé. C'était un music-hall qu'il avait fait,
un café-concert; les plus doux distinguèrent
avec finesse que c'était l'académie de la danse,
qu'il avait érigé là, mais non pas, au grand
jamais l'académie nationale de musique et de
danse, qui devait être un bâtiment hiératique
et sévère, qui aurait du se proposer d'être, en
plus beau et en plus grand, ce que sont notre
Comédie française si légère et notre Odéon si
somptueux; édifices bien congruants à l'idée
de noblesse s'essorant d'un casque, d'un co-
thurne, d'un alexandrin classique et d'un confident, marchant à pas égaux auprès d'un roi
qui s'appuie sur son épaule.

Le second coup, et définitif, qui étoila cette
tenue officielle de la rue, ce piétisme blanc et

noir fut porté avec finesse par un très grand
artiste qui a contribué plus que tout autre
à ce qu'on pourrait appeler la décoration mobile de la rue; nous avons dit Chéret et sa révolution dans l'affiche. Avant Chéret, l'affiche
c'était la pancarte officielle blanche et noire
annonçant les délits, les infractions, et les
châtiments, les appels sous les drapeaux, les
adjurations développant pour le sage électeur,
la parole officielle en tables de lois passagères;
à côté d'elles et de leur grande tenue blanche
qui toujours leur fut privilège, vertes, rouges,
jaunes, s'exhibaient les licitations, les avis
des notaires et les promesses des magasins.
Quelques journaux décidés à tous les sacri-
fices pour affrioler les lecteurs du roman feuilleton pavoisaient capitale et provinces d'affiches jaunes, sur laquelle un énigmatique
héros était figuré, noir, d'après une esthétique juste-milieu. Une tradition veut que
l'affiche des charbons d'Ivry, l'homme portant un sac, soit de Daumier, retouché il est
vrai par Émile Bayard. Ce n'est pas dans le
monochrome, une mauvaise affiche, mais enfin en thèse générale, on ne risquait d'affiches

polychromes que par exception. On se sou-
vient du succès ancien à cause de leur rareté,
des quelques affiches coloriées telles le million
de lecteurs du *Petit Journal* sur sa plaque
d'indigo cru, et les affiches dessinées telles que
l'Hérissé ou le jeune homme qui tenait une
banderole promettant de rendre l'argent de
tout achat qui a cessé de plaire, du Jean Bart
tenant une torche tout auprès d'un canon, et
d'autres dont on trouverait la citation dans
l'Affichage céleste de Villiers de l'Isle Adam.
Sans exception, ces œuvres partout visibles,
étaient confiées à des badigeonneurs, de par
la même esthétique qui fait confier à des ma-
nœuvres le roman populaire et qui si longtemps dicta la banalité de ce qui était fait pour
tous. Chéret jeta à profusion sur les murs, de
jolies lignes, des bariolures amusantes, des
cascades de corps s'enroulant autour du nom
d'un palais de joie. Philosophe, Chéret réa-
lisait l'intention des managers, et donnait en
réalité une partie de ce dont eux, ne pouvaient
donner qu'une piètre illusion : la joie. De plus,
ces affiches par la mélancolie des figures dans
le plus varié et le plus picaresque des costu-

mes traçaient aussi l'état d'esprit et des his-
trions de plaisir, et des montreuses de beauté,
et des regardeurs de ballets ou de travestissements. Les affiches de Chéret, très ornementales, interprétaient, par un motif bien choisi,
l'essence même du plaisir offert ou bien trouvaient la figure personnifiante comme il le fit
dans ce petit tambour républicain qui bat le
rappel et évoque les idées du journal de ce nom;
dans cette femme à bonnet de papier qui lance
sur tout Paris, les feuilles de l'ancien *Écho de
Paris* et semble sortir d'un des contes de Ban-
ville qui y paraissaient périodiquement, ou cette
bourgeoise à sa lampe, en sa fameuse affiche
de la Saxolcïne et mille autres, ou un type très
amusant de beauté moderne, élancé, chatoyant,
aux traits du visage d'une élégance cursive
appelle à la danse d'un carillon de couleurs
si frais et varié. On a justement rattaché Chéret à Watteau et aux maîtres du XVIIIe siècle.
Il a comme eux le pli élégant de l'attifement,
le sourire des yeux et de la bouche, un peu
de théâtre et à tous adressé ; il a leur sou-
plesse, et de plus il a dans le déhanchement
de ses personnages, l'impression de quelqu'un

qui a vu, non seulement les Japonais, mais encore les acrobates et les clowns, les clowns sauteurs et pailletés du cirque tout moderne.

Il faut admirer encore, dans cette œuvre énorme que Chéret éparpille sur les murs de Paris, l'affiche du vin Mariani, où, tout en courant dans un bond de petit faune, une danseuse toute de jaune vêtue, des roses à la chevelure, à la poitrine et piquée dans un nœud à la hanche, verse du cordial ; celle du Nouveau Théâtre pour les représentations du Scaramouche, où toute la gaucherie spéciale du travesti, est fixée, en la longue et un peu hésitante Arlequine qui veut être un Arlequin ; sa Loïe Fuller, si difficile à réaliser, puisqu'il fallait que l'affiche revue après la danseuse des effets de feu clair, put en paraître la synthèse, ce que Chéret réussit par le geste presque suspendu dans le vide sur un écran et qui donne la sensation d'un arrêt infinitésimal dans un mouvement vertigineux, et la tignasse rousse flambe sur l'écran bleu sombre ; ailleurs une petite Montmartroise pour annoncer l'exposition de Willette découpe en noir la silhouette de son peintre ordinaire ; au jardin de Paris, un feu d'artifice presque blanc éclate avec intensité dans un ciel rouge embrasé, et c'est une sensation de feu qui se lève de cette transposition du fait dans des couleurs synthétisées. Les coulisses de l'Opéra (du Musée Grévin), une des plus extraordinaires affiches du maître, place de grandes formes presque hiératiques, comme au seuil d'un couloir de lumières rouges; on a la sensation d'une porte un instant ouverte sur un hall de lumière enragée et de fête bruyante.

Encore une jolie danseuse, dont le mouvement est le contraste même de celui de la danseuse du vin Mariani, et c'est parée des mêmes roses et de la même robe jaune d'or qu'elle exécute ce mouvement, cela invite à *Fleur de Lotus*, légende dansée au Music-Hall. Et que d'autres belles affiches ont orné Paris d'un coin de ballet, d'un aspect de beauté féminine, parfois d'une caricature légère, indiquée dans le luxe des couleurs, par la transcription nette des afféteries de telle belle fille ou des apprêts de telle ·chanteuse excentrique; que de belles estampes coloriées ont décoré Paris de fresques aux lignes volontairement capricieuses et serpentines!

De fresques; M. Roger Marx a établi le rapprochement par ces belles phrases qu'il faut citer (1) : « Comprise par tous les âges, aimée du peuple, l'affiche s'adresse à l'âme universelle. Elle est venue satisfaire des aspirations nouvelles et cet amour de la beauté que l'éducation du goût répand et développe sans arrêts; elle a remplacé au dehors et au foyer les peintures jadis visibles aux murs des palais, sous les voûtes des cloîtres et des églises, elle est le tableau mobile éphémère que réclamait une époque éprise de vulgarisation et avide de changement. Son art n'a ni moins de signification, ni moins de prestige que l'art de la fresque; seuls y réussissent ceux qui sont pénétrés des conditions auxquelles est obligée toute entreprise ornementale; mais tandis que les lois essentielles et séculaires de la décoration sont presque partout méconnues, violées à plaisir, le respect s'en est maintenu chez les maîtres de l'affiche. »

Dans une autre préface, M. Roger Marx éta-

(1) *Les Maîtres de l'affiche.* Préfaces.

blit fortement la nécessité de l'affiche illus-
trée ; « l'importance accordée à la chromoli-
thographie murale résulte de causes que nul
mystère n'entoure. Le progrès de la civilisation a créé des conditions d'existence différentes ; avec les siècles, la vie publique s'est
modifiée dans son organisme comme dans ses
dehors ; c'en est fait des tapisseries tendues
bordant la chaussée sur le parcours des rois,
c'en est fait des enseignes patiemment enlu-
minées ou taillées dans le chêne, dans la
pierre. Tout comme la société, la rue s'est
transformée. Elle ne connaît plus le faste de
la pompe royale ni des lentes entreprises des
vieux ymagiers ; sa parure était exceptionnelle, intermittente ou immuable ; la voici toujours présente et toujours renouvelée ; au pittoresque de venelles étroites a succédé le
pittoresque moderne des voies larges et bigarrées, un pittoresque qui possède aussi sa beauté,
et dont l'affiche fournit l'élément essentiel. »
Notons aussi avec M. Roger Marx l'influence de l'art de l'affiche sur l'art qui l'entoure « l'évolution des arts, comme celle de
la pensée ne suit pas un cours précipité. Tout

d'abord il y eut simplement copie, assimilation de l'affiche à un modèle, à un carton. Le métier la transforme en tissu, ou encore elle prend sous les espèces du vitrail, une vie moins éphémère ; puis à son exemple, la reliure, la couverture de livre, le titre de musique, la « petite estampe » se rénovent. On s'étonne que la portée d'aussi suggestives leçons ait pu échapper à quelques-uns, aux éditeurs de papiers peints notamment, et voyez les effets de leur négligence, le désir s'impatiente, n'accorde pas de répit ; devant la pénurie de tentures vraiment embellissantes, l'affiche devient la tapisserie familière des murs ; elle trouve au logis, la sécurité d'un abri et l'hommage d'une admiration quotidienne ; elle constitue la parure du home, comme elle avait formé le décor de la rue. »

Aujourd'hui l'affiche polychrome, l'affiche à la Chéret a vaincu. Il n'est si mince Music-Hall, il n'est de tapioca, ni de liqueur, il n'est de friandises, d'alimentations, de machines roulantes ou imprimantes qui ne veulent intéresser le passant par un joli dessin, ou une amusante devinette peinte. Seules reluctent outre l'affiche officielle, celles des officiers ministériels, et celles des émissions financières. Encore, une fois les émissions couvertes, les compagnies de chemins de fer ne dédaignent plus d'allécher les touristes par de grandes reproductions des beaux sites, qu'ils peuvent voir et des hôtels où ils pourront descendre. Les murs autrefois blafards, des échafaudages, manteaux des maisons en construction se couvrent de haut en bas de taches multicolores ; des femmes dansent, des chefs d'État boivent. A la suite de Chéret, de beaux artistes, ou se sont consacrés à l'affiche ou, de temps à autre, en exécutent une. Malheureusement dans cet engouement pour l'affiche, les négociants ou les entrepreneurs de concerts ou les directeurs de théâtre ne s'adressent pas toujours à Chéret, ou à un Lautrec, un De Feure, un Mucha ; il y a au mur différentes salissures dont rien ne peut excuser la laideur et nul doute que lorsque l'art de la rue existera définitivement, il y aura une critique des affiches, qui au jour le jour ou à son jour en des journaux spéciaux, saura vitupérer l'étalage de laideur qu'est une affiche sottement pensée, mal composée et grossièrement bariolée. Après Chéret, la pléiade est nombreuse des artistes de l'affiche. Grasset y apporte son faire hiératique, un peu contourné, un peu similaire de celui de Walter Crane et y défèrent, Grasset qui plaça sur le mur, pour une quelconque Jeanne d'Arc, une si belle Sarah Bernhardt sous la blanche armure de la guerrière. Depuis, c'est Mucha qui, sur fond d'or, ou fond de couleur prodigieusement rehaussé d'or, nous montre le portrait de la tragédienne.

Lautrec a apporté dans l'affiche ses grands dons de peintre, son arrangement de couleur, sa vision aiguë et caricaturale de puissantes laideurs, de mufles étonnants et veules qui regardent danser des danseuses de casinos; comparez la trogne de Bruant signée Lautrec, à la calme personne vue de dos, en robe noire, une collerette blanche autour du cou lisant, de par Grasset, quelque livre romantique, en regardant dans le fond Notre-Dame et vous aurez les deux pôles de l'affiche actuelle amusante et douce, ou pimentée et violente. Les polychromies furent chez Orazi tourmentées, trop riches, panoramiques, théâtrales, comme elles donnèrent, par Bonnard une sage et ingénieuse vision.

L'affiche de Chéret a été, en même temps qu'un bien pour les yeux une victoire d'expansion française. Tous les peuples sont entrés avec plus ou moins d'ardeur en cette voie. Les peuples de race anglo-saxonne ou germanique assez habitués à voir pendre à leurs murs d'auberge et de gare (mais à l'intérieur) des réclames polychromes, le plus souvent laides et de mauvais goût, ont admis très rapidement le principe du maître français et les murs de Londres ou de Vienne se sont couverts d'affiches multicolores, exécutées soit d'après des tempéraments particuliers d'artistes, soit en imitation des nôtres. Et parmi les petites ville ; endormies encore loin des grands centres, l'affiche d'art fut souvent la première manifestation apportée du grand mouvement de recherches nouvelles qui bouleversent toute l'esthétique actuelle. Je me souviens à Middelbourg, dans cette tranquille petite ville de Zélande, si tranquille qu'on la range malgré son aimable vitalité parmi des villes mortes,

du tableau des affiches, unique comme l'album
de Pompée et placardé contre l'hôtel de ville,
un hôtel de ville du XVIe siècle admirablement
conservé, avec cent statuettes sur son toit aux
larges pans, percé de fenêtres aux volets lo-
sangés de couleur. Tout dans la ville portait le
cachet d'une civilisation ancienne, je dis ancienne et non vieille, car elle était très vivante
parmi ceux qui la pratiquaient et c'est avec jeunesse qu'ils sont fidèles à de vieux us. Dans
toute la cité, le costume des femmes avec les
pendeloques d'or, la coiffe blanche, le corsage
rouge, les manches étroitement serrées et
arrêtées à la saignée du bras, la jupe noire
sur laquelle un tablier d'étoffe orangée, jaune,
ramagée de rouge brille, et le costume des
hommes à culottes courtes, chapeau noir sans
bord, plaques de ceinture en argent, dataient
comme dernière réforme, de la Restauration
française.

Si une boutique s'ouvrait c'était celle d'un
antiquaire, montrant les belles faïences du bon
vieux temps et les solides bijouteries d'antan.
Le signe des temps nouveaux, l'annonce que
les lignes et leur expression se modifient

ailleurs, l'annonce qu'il se passait quelque chose dans les grandes villes, qui allait arriver jusque-là, c'était sur le mur des affiches, une affiche isolée, seule, cernée d'affiches purement typographiques, du peintre Toorop, qui étalait là sur papier jaune ses longues formes de femmes enchevêtrées, aux doigts énormes, au geste symbolique, annonçant un produit industriel, je ne me souviens plus du quel, mais qui portait dans ce calme séculaire presque, un frisson nouveau. L'Allemagne a peu d'affiches. Lorsqu'en 1876, on ouvrit à Dresde, au cabinet des Estampes, une grande exposition d'affiches, l'Allemagne n'y fit guère représenter que l'affiche d'Otto Fischer annonciatrice de l'exposition, très gaie, bleue et rouge montrant une femme en costume médiéval se hâtant vers Altstadt où se trouvent les galeries d'art, et suivie sur le pont de l'Elbe de beaucoup de personnes en habits de fête du temps passé. Selon des critiques, cette pénurie d'affiches coloriées serait due à ce que les architectes qui coopérèrent, il y a trente ans environ, à un grand mouvement de construction qui eut lieu en Allemagne, se perdirent en une ornementation touffue, imitée du style Renaissance qui ne laissa guère de surfaces amples et simples où placer des affiches. En tout cas, les artistes de la Sécession de Vienne, les Orlik, les Klimmt, etc... et Franz Stuck, avec des moyens divers s'y efforcèrent et même une affiche au moins, de Klinger, est notoire. En Angleterre, le mouvement est aussi considérable que chez nous. Il y a Dudley Hardy qui campa de si tentantes danseuses, Nicholson, qui fut l'un des frères Beggarstaff, Beardsley et les affiches de Rhead et de Bradley après avoir coloré les murs d'Amérique nous sont apportées par des publications spéciales.

Un élément de polychromie, dont on ne peut négliger l'importance, fut le goût très vif du bibelot qui battit son plein, ces dernières années. Il est d'un esprit chagrin de prétendre qu'on aime ces précieuses futilités et ces jolies menuailles surannées ou bizarres pour se dispenser d'aimer et de rechercher des œuvres d'art vraiment belles, imposantes et d'un contact éducateur et réchauffant. L'art se peut trouver en petites surfaces, et dire l'art appliqué n'est pas unir vainement deux mots. Il est plus lo-

gique de reprocher à la plupart des collection-
neurs de n'avoir recherché longtemps que le
singulier et que l'exotique; mais quoi? Ces
chercheurs n'avaient guère d'objets à inven-
torier parmi la production des modernes ateliers, et les artistes n'étant point encoura-
gés par un débouché ouvert avaient oublié
cet art appliqué, cet art de l'intérieur que
nous possédâmes, avant la Révolution, au
plus haut degré. Au moins, d'avoir dragué
le Japon et tout acheté dans l'Inde et l'Asie
Mineure, ceci a développé le très considérable
essor de nos artistes vers la figurine, le tapis
et l'ornementation des objets usuels. Il est
certain que lorsque le goût des japonaiseries
et des tapis d'Orient se répandit, il s'ouvrit sur
nos boulevards parmi les bazars de camelot-
tes, et les vitrines austèrement dédiées à l'ex-
ploitation d'un seul article, partant un peu
sombres, des fentes brillantes, des cases qui se
meublaient un peu à la façon de boutiques
orientales, ou au moins d'étals lointains, com-
pliqués et différents.

Le hasard, quelques bons instincts d'éta-
lagistes donnèrent des indications, encadrè-

rent la vitrine de lances au fer un peu courbe du Nippon, la constellèrent de masques Japonais dont la grimace différente fut un éveil à ceux qui regardaient trop les statues au masque hiératique entre des favoris bien bouclés. Les richesses des vaisselles Japonaises firent entrevoir à des gens qui ne s'étaient jamais posé la question, qu'une assiette n'était pas forcément blanche avec un petit filet circulaire d'or, ou un liseré de couleur, en cas de débauche extrême de couleur. Certains indices firent apercevoir que le lourd mobilier massif, indéplaçable, tel que nous l'avaient légué des générations extraordinairement sédentaires, n'était pas le dernier mot de la commodité. A côté de ces produits orientaux on installa à Paris les objets anglais, reflet de l'école préraphaélite ou du grand contact colonial avec l'Inde qui a si profondément modifié la conception de l'étoffe féminine et les florages des velours de fauteuils et de divans. Les exemples venus du dehors encouragèrent les magasins français, à braver le qu'en dira-t-on, à s'insurger à leur tour contre la défaillante tyrannie des tons neutres,

à admettre l'art d'un Gallé, d'un Charpentier
et des premiers en date de cette armée d'artistes de l'art appliqué qui commençaient à faire
expérimenter en Belgique leurs théories et y
faire prévaloir et imiter leurs œuvres.

En effet, il fut un instant beaucoup plus facile
d'expérimenter des théories d'art décoratif en
Belgique qu'en France. La raison en est assez
simple et tient à l'état politique du pays. Ex-
pliquons-la.

Le style d'une rue est combiné par deux
éléments. L'architecture des façades, la pro-
portion générale des bâtiments, secondement
les agréments, les emblèmes, les enseignes.
Le premier de ces éléments, l'architectural,
si le goût particulier de l'architecte spécial
de telle ou telle maison, ou du capitaliste
qui la fait construire y a grande part, est
cependant dominé, en sa ligne générale, et
par les ordonnances de voiries et par le goût
du temps. Le goût d'un temps est une empreinte générale donnée à la plus grande
partie des conceptions des contemporains,
par une imitation à laquelle quelqu'une de
leurs habitudes est congruente, par un exem-

ple donné de haut et suivi, ou par une nécessité acceptée par tous. Mais cette nécessité d'un temps, par exemple, celle où se crut le moyen âge d'avancer très fortement l'auvent, de grandir le grenier et de surplomber ainsi toute la maison comme d'un chapeau presque égal à ses propres dimensions, cette nécessité n'existe pas pour la partie ornementale de la façade. En celle-ci on suivrait plutôt les conseils des deux autres éléments de l'architecture du temps soit l'imitation à la mode, soit le nouveau style inspiré par une puissance, qui longtemps et partout a été la cour. Soit qu'on orne pour ses haltes des boutiques, soit qu'on prépare pour ses promenades des allées couvertes, la cour, aux temps d'ancien régime était toujours, en ses admirations rapides, écoutée. Évidemment le modèle de ce goût était toujours donné par un artiste créateur ou adaptateur, mais il n'était pas certain qu'on choisît le meilleur guide, bien au contraire. Quelques gros négociants uniquement préoccupés de leurs concurrents purent souvent ouvrir des magasins sans apparence et sans souci d'attirer l'œil, mais tous les détaillants durent toujours tenter de rendre leur devanture et leur magasin agréables et surtout ceux nombreux qui vivent de la gourmandise et de la coquetterie humaines. La cour qui fixait ces choses, obéissait à son souverain ou à sa réelle souveraine. C'est ainsi que nous eûmes un style Louis XIV et un style Pompadour. Il est déjà certain que depuis la chute de l'ancien régime les souverains, les souveraines et toutes personnes royales donnent moins énergiquement le ton, car leur cassette ne peut plus se prodiguer à de beaux monuments, qui bâtis avec les ressources des États, par les meilleurs artistes s'imposaient au public par le goût ou la richesse. Or, à ces souverains a succédé l'État; l'État impersonnel, parlementaire que nous possédons est difficile à mettre en mouvement sur des questions d'esthétique et puis on obtiendrait plus facilement de ce grand rouage des mesures générales, que le tâtonnement fin et plusieurs fois repris, qui crée un goût et un style. Il y a une possibilité plus grande à ce tâtonnement, à ces essais successifs, se reprenant les uns les autres avec une organisation plus petite que celle de l'État, avec celle de la Ville. Paris est grand, et un novateur a fort à faire pour persuader toutes les puissances de qui dépend un remaniement de la ville. Puis on peut ajouter que Paris n'a pas de vie municipale, il est pour cela trop capitale centralisatrice, trop auberge du monde et trop contact de cerveaux scientifiques qui ont besoin pour s'entendre d'un certain cosmopolitisme, et effaceraient plutôt les archaïsmes du bon vieux temps et les particularismes qui leur paraîtraient y devoir être renvoyés.

En ce petit pays de Belgique, la vie municipale existe, elle a ses souvenirs absolus, intacts, ses beffrois, ses halles, ses grandes places restaurées. La certitude d'avoir fait quelque chose, induit les cités à vouloir de nouveau faire quelque chose. Ceci en tout cas est vrai pour Bruxelles. Bruxelles, par Sainte-Gudule, par la place du Petit Sablon, si joliment entourée de colonnettes et son admirable place de l'Hôtel-de-Ville, prouve son ancienne existence esthétique. Depuis la fondation de la Belgique, sous l'influence de ses rois, elle a tendu toujours à être une ville de transit entre Londres,

Paris, Amsterdam et Berlin et longtemps une architecture parfaitement impersonnelle y prépara cet aspect de Bourse cosmopolite et de salle d'attente internationale. Ce fut plus une fantaisie qu'un besoin qui poussa certains artistes et archéologues flamands à se rappeler qu'ils étaient surtout Flamands et à requérir l'emploi de la langue flamande, près de chenets à la flamande embusqués dans de hautes cheminées à la flamande. En surplus, ils voulurent qu'on leur rendît la justice et qu'on les enseignât dans cette langue ; en plus, ils exigèrent qu'on s'occupât de restaurer des façades à la flamande et il y eut à Bruxelles des façades flamandes, sur des boulevards tracés à l'instar de Paris et en des rues qui voulaient tenir compte de l'esthétique anglaise et du goût du pays pour le home, pour la maison à soi.

Il fallait contenter bien du monde, mais outre que Bruxelles n'est pas une très grande ville, Bruxelles se divise en une demi-douzaine de communes, maîtresses chez elles, de sorte que les amateurs de renaissance flamande, comme les promoteurs de l'imitation anglaise et les mainteneurs de l'influence française, avaient leur microcosme tout préparé, pour y lutter ou pour s'entendre, n'ayant pour réussir que quelques échevins à persuader. Des expositions fréquentes où les artistes étrangers étaient conviés habituaient les Bruxellois à voir, et atténuaient chez eux le sens de la surprise. C'est ce sens, avec cette limitation personnelle de l'imitation qui peut donner l'impression de l'originalité qui leur manque un peu. En tout cas, gens fort pratiques, pour modeler la maison sur la vie, les architectes nouveaux, tout en s'appuyant sur le vieux style flamand et le surchargeant encore de trop de bois découpé, ajouré et de fer en volutes parfois gracieuses, surent se servir de la matière moderne et des nouveaux éléments de construction à l'abri de la façade un peu gothique. Nous reviendrons sur le détail de leurs façades et de leurs aménagements; signalons seulement qu'ils durent leur succès auprès du public à des encouragements de leurs municipalités, à l'esprit de Cité réveillé dans les monuments publics, à l'initiative de certains bourgmestres comme M. Buls créant des concours d'enseignes, et préparant un mouvement dit « de l'art à la rue » qui ne donna point de grandes conséquences, mais qui eût pu aboutir à quelque chose, car, sur l'invitation de leur magistrat municipal, tous les négociants et propriétaires des belles rues de Bruxelles, au moins sur la grande ligne de la Montagne de la Cour, ouvrirent leurs escarcelles aux peintres, aux ferronniers, aux sculpteurs, et entrèrent en lutte d'émulation esthétique, les uns s'ornant de fer forgé, les autres se faisant peindre de la cave au grenier. Ce ne fut pas beau parce que le goût public se fia à ses artistes préférés, c'est-à-dire à des habiles qui furent un peu étonnés de leur tâche nouvelle, mais enfin il y eut commencement d'une toilette de la rue, à fresques, à carreaux et plaques céramiques. Ce ne fut pas Bruxelles qui trouva l'idée, mais on l'y put promptement appliquer.

En France, l'État fait très peu pour l'ornementation de la rue, sauf aux endroits où elle s'élargit, d'y ériger des hommes de bronze; très peu aussi pour l'ornementation de la vie. Pourtant son initiative, sollicitée et mise en mouvement souvent par des esprits novateurs parmi lesquels au premier rang cet admirable critique d'art qu'est M. Roger Marx, a créé de nouvelles monnaies, des timbres de modèle nouveau et orné les écoles d'images belles et bien coloriées qui forment le goût des enfants et contribueront à recréer chez les artisans, des artistes. Comme tout se tient, il est évident que si on gagne sur la laideur des bâtiments de l'État et de l'ensemble de ses créations, si on arrive à donner, grâce à lui, des exemples de beauté, on arrivera forcément à en répandre le goût chez les personnes qui font construire des maisons de rapport et qui s'apercevront qu'il faut donner du luxe esthétique pour pouvoir abriter des gens dont le goût se sera affiné. M. Roger Marx aura soutenu le bon combat pour obtenir qu'on mette, autant qu'on le peut, de la beauté partout. La chose la plus simple, le pot à eau comme la borne-fontaine, les casiers d'une bibliothèque comme le hall d'un hôtel des postes, peuvent être conçus en lignes élégantes et harmonieuses qui rendent l'idée de beauté inséparable de l'acte que ces objets ou bâtiments signifient. Rechercher à créer partout la beauté des formes, c'est exclure toutes les laideurs qui traînent de vieille tradition, c'est travailler au grand bien d'un pays qui ne peut opposer aux immenses moissons de l'un, et à la main-d'œuvre si prolifiquement diminuée d'un autre, que les dons natifs et l'habileté acquise de ses ouvriers d'art.

Ces réflexions nous ont entraînés assez loin de cette question de la polychromie de la rue qu'avait soulevée dès l'abord cette étude des différences de la rue actuelle avec la rue d'hier et, selon des indications, ce que pourra être la rue de demain. La polychromie existante de la rue se restreint d'ailleurs, en ce qu'elle est, présentement, à l'ornementation partielle de la façade. On dore quelques balcons, on incruste à certains murs des plaques céramiques qui fardent de leur reflet fixe la pierraille environnante; depuis quelque temps, on y allume des feux électriques qui vantent un produit commercial; on peut dire vanter, car déclarer en lettres de feu sur le dôme des maisons qu'un produit existe, suffit à l'imposer à l'attention. Il est certain que cette coloration mobile qui vante les cafés Car-

valho ou le cacao Van Houten ne possède en
propre qu'une valeur d'art fort médiocre.
Pourtant le prestige d'une couleur lumineuse
est tel (et le relief en ce cas-ci de la couleur
s'augmente du mouvement) que lorsque l'affiche mouvante s'est éteinte pour un instant, il
en résulte jusqu'à ce que les lumières recom-
mencent à border les lettres de métal, une tristesse sur la place moins éclairée. Le gaz lais-
sait toutes les maisons sombres, et la valeur
d'éclairage des rues dans leur hauteur, pro-
venait des lueurs intimes des fenêtres, lampes
tamisées par les rideaux lourds et lueurs
crues des mansardes où les âmes romanes-
ques pouvaient se figurer des athlètes de la
pensée peinant sur le travail. Le gaz, qui fut
lumière industrielle et parut à nos grands-
pères chasser l'intimité du soir, en projetant
au lieu des petites fléchettes de lumière du
quinquet, des nappes micacées d'ombre claire
sur les recoins des portes et les auvents clos,
avait reconquis par contraste un aspect d'intimité qui s'en va, depuis que les globes électriques projettent leur lueur laiteuse ou opa-
line. Lueur de féerie, s'écrièrent les pre-

miers assistants, lueur d'un songe d'une nuit d'été, s'ébattant dans un décor de pierres closes et de passants pressés. On admira vers l'automne, parmi la futaie grêle et les baguettes nues des arbres dénudés des Tuileries, les lunes terrestres et changeantes, blanches, violettes, parfois presque rougeâtres qui jouent l'apparence d'un carnaval un peu blafard dans le grand parc abandonné cher aux poètes. Au parc Monceau petit et tout entier visible, la lumière électrique donna des aspects d'un théâtre de féerie tout prêt. Des soirs d'hiver on put croire que sur les pelouses neigeuses, éclairées d'astres froids, des fantaisies du Nord, de traineaux, de fourrures, de fées frileuses allaient se jouer. Sur les boulevards la lumière électrique donna un aspect incontestable d'appel de plaisir, un blanc rutilement d'hiver clair, joli, encourageant au bal, au théâtre. Maintenant pour les yeux de beaucoup, la lumière de féerie est devenue lumière de music-hall, l'association des idées après tant de scintillement sur les paillons du ballet donne l'idée d'un cortège attendu en vain dans le cadre blanc d'un théâtre remis à neuf. Le pittoresque de la lumière électrique trouve maintenant en nous des cerveaux accoutumés, et il lui faudra de nouveaux prestiges pour nous redonner des sensations fraîches de cet aspect de fête aux lanternes scientifiques qu'elle posséda un temps. On attend de la fée Électricité, ainsi la dénommèrent des esprits positifs, un éclairage qui soit plus vraiment le jour ou qui crible la nuit de plus d'étoiles aux reflets moins pâles.

Mais la lumière, c'est pour la rue le plus extérieur des ornements, et, ses jeux sur les ors et les ferrures ne sont que la partie forcément passagère de sa polychromie.

En principe, la polychromie a presque toujours été admise, autant qu'elle existait en fait. C'est-à-dire que des personnes qui eussent protesté contre son application aux palais et aux façades de Paris la trouvaient excellente là où ils avaient occasion de la voir, et de la rencontrer toute vive, générale, usuelle, aux palais de Venise, aux églises russes et dans des villes d'Orient. Un des grands arguments contre la polychromie était que l'antiquité passait pour avoir été monochrome, toute de marbre blanc sous un étincellement de ciel bleu. Les mouvements de l'érudition ayant apporté la connaissance d'une antiquité beaucoup moins théorique et, pourvue au contraire, d'un grand sens des couleurs et les appliquant parfois aux colonnes extérieures et aux frontons des monuments, fortifièrent l'exemple des palais vénitiens.

Mais on maintint que la polychromie des façades était chose surtout excellente dans le midi et dans les pays du soleil dont l'excès l'amoindrit, l'atténue et presque la noircit.

Pourtant on dut constater le goût très vif du nord pour la polychromie; besoin, dit-on, de contre-balancer la mélancolie d'un ciel gris, besoin aussi et plaisir à utiliser les perpétuelles modifications irisées d'un ciel changeant. Elles sont déjà pittoresques à leur façon, les maisons peintes toutes d'une seule couleur, différente, juxtaposant leurs noirs, leurs rouges, leurs jaunes d'ocre, leurs verts, les petites maisons des villages houillers du Borinage ou du Hainaut, où cette couleur prend une telle valeur depuis sa base naturelle, la rue couleur de charbon, à laquelle la joint sur tout le liseré du trottoir, une étroite plinthe noire, jusqu'aux traînées légères et fuligineuses que le charbon et les vapeurs d'usine tracent au-dessous de leurs toits en tuiles rouges. Les maisons de Hollande parmi leur ensemble de briques généralement crépies de blanc, parfois de noir, avec des rehaussements de couleurs claires, courant le long des fenêtres, des portes vertes ou d'un bleu très vif qui se reproduit à l'encadrement des fenêtres, apparaissent plus colorées par le jeu plus complexe des filets que les maisons à volets verts de nos campagnes. Des maisons, en Angleterre ont été revêtues d'un ensemble de plaques céramiques d'une seule couleur. La brique de nouveau employée, les briques simplement rejointoyées sans être recouvertes d'une couche de ciment, redonne, un peu partout, l'aspect saumon, l'aspect rose tendre, l'aspect rouge écarlate que le soleil y sait alternativement peindre. L'exemple de la place Royale n'est pas tout à fait perdu pour Paris. Néanmoins dans les derniers bâtiments publics et dans les maisons les plus somptueuses qu'on ait construits, la pierre de taille blanche garde sa suprématie, et la polychromie n'est repré-

sentée que par des céramiques courant en
frises, ou appliquées par carrés symétriques.
Si l'Opéra fut le premier monument polychrome de Paris, l'Opéra-Comique nouvelle-
ment reconstruit fut érigé d'après d'autres er-
rements. Il y eut pourtant comme un jeu sur
l'idée de polychromie; ce fut de laisser voir en
cet édifice en pierre blanche par les larges fenêtres du foyer, toute une décoration picturale,
qui donne ainsi à qui regarde du dehors l'impression d'une confuse, pourtant claire et agréable symphonie de couleurs. Mais sauf en des
écoles que la ville de Paris construisit brique
et pierre, le blanc règne encore dans notre enceinte, le blanc Haussmann des grands boulevards, apparenté avec la blancheur des vieilles
places Louis quatorzièmes et du XVIIIe siècle.

CHAPITRE XI.

Ces maisons belges à façades de style flamand ou de recherche inédite que la possibilité de bâtir sans grande dépense à cause
des dimensions restreintes de la construction
a fait fréquentes, maisons de pierre blanche de
France encadrée de pierre bleue de Belgique,
de briques avec des ajourements de pitch-pin,
ou des frises de verre, treillissées de ferron-
nerie, quelles en sont les lignes?

Ce sont des maisons de dimension médiocre,
comme des pavillons du quartier Monceau ou
mieux comme des maisons de campagne
moyennes des environs de Paris. Le terrain
étant relativement assez bon marché et cette
maison étant destinée (sauf sur quelques
boulevards de Bruxelles) à n'être habitée que

par une famille, on ne dépasse guère trois étages. La maison possède, en général, une profondeur de deux pièces, l'une prend jour sur la rue ; l'autre s'éclairant au moyen d'une sorte de serre vitrée qui est ménagée entre la seconde pièce et le mur de clôture du rez-de-chaussée qui aboutit à cette serre, serait donc par elle-même sombre ; on y remédie en la séparant de la première soit par des portes à coulisses ou par de simples draperies. Ce rez-de-chaussée repose sur des sous-sols où des cuisines avoisinent avec des celliers. La petite bourgeoisie du lieu s'y aménage dans une première cuisine qui s'éclaire d'une fenêtre coupée au milieu par le trottoir de la rue, des salles à manger sans faste, munies de poêles de fontes, et s'y tient regardant l'humanité passer, visible jusqu'au tibia sur son propre trottoir, à mi-corps sur le trottoir d'en face. Dans les quartiers pauvres, ces sous-sols sont détaillés aux locataires et contiennent des chambres. Des communications s'échangent à ces fenêtres entre les gens de service, et peuplent les rues de la ville de dos courbés et de mains gesticulantes, la tête collée contre les grilles, en général en retrait, de ces caves. Au-dessus du rez-de-chaussée, le premier étage offre en général une grande hauteur qu'accuse du dehors l'élévation des fenêtres, parfois cintrées, parfois en forme de vérandah utilisant la fenêtre dite vénitienne, c'est-à-dire une grande fenêtre s'ouvrant par le milieu et flanquée de deux glaces ou vitres latérales fixes, sur lesquelles on place des stores gris qui s'élèvent et s'abaissent au lieu du rideau s'écartant verticalement. Un effort a été tenté, surtout par M. Horta, Hankar, Van Waerbeghe, etc., pour varier les aspects de ces façades, au moyen de l'imparité des fenêtres et d'une disposition un peu dissymétrique de leur alignement. Voici une maison qui s'ouvre par une porte étroite où on accède par deux marches; sur le bois et la grille de la porte s'offre un motif ovale dont le centre, qui est la poignée de la porte, se relie par des lattes de bois ou des lignes courbes de fer à tous les points de l'ellipse à distances égales. La porte s'encadre en une décoration de pierre qui se volute et se termine au-dessus du linteau par une sorte de coupe en avancée sur laquelle repose la fenêtre supérieure, appartenant à l'escalier et qui semble une vérandah triangulaire ; cette vérandah est à sa cime recouverte par un chapiteau à pans infléchis vers la rue qui offre contre-partie de la ligne un peu ascendante du chapiteau qui la soutient. La base de cette avancée qui surmonte la vérandah cesse juste à la hauteur où finit la pierre du balcon du premier étage que l'avancée coupe en hauteur, à peu près à la moitié. Voici donc déjà une dissymétrie voulue et combinée entre ce côté de la façade et sa partie la plus large qui contient les pièces. En effet la fenêtre de sous-sol arrivera à la hauteur de la moitié de la porte d'entrée, un revêtement en céramique le surmontera et s'arrêtera aux deux tiers de la hauteur de cette porte pour laisser commencer la large verrière de la salle du rez-de-chaussée arrondie par le haut et cintrée d'un dessin de briques autour d'un motif vertical et étroit, de pierre, qui se place au centre sous le balcon du premier étage à égale distance de deux soutiens de pierre courbes. La fenêtre du rez-de-chaussée sera à guillotine, celle du premier étage

sera une vénitienne, les lattes de bois de l'encadrement des vitres auront une disposition
différente et la fenêtre du troisième, dont le
chapiteau aigu repousse la toiture et la plie
d'un accent circonflexe aux ailes droites, coupe
des gouttières ornementées dont la ligne con-
tinuée devant elle serait celle d'un balcon, et
qui à droite et à gauche annoncent un premier plan du toit, qui encadre cette fenêtre
dont le chapiteau fait saillie, en s'élevant hors
d'un second plan du toit; le jeu de dissymétrie a été continué entre cette partie de la
façade contenant les chambres et celle qui
enferme l'escalier; il est même souligné par
des lignes de briques de couleur, coupant la
brique blanche à intervalles calculés pour
cela. Des coquetteries d'architecte donnèrent
à la grille d'une fenêtre de sous-sol l'aspect à
peu près exact, dans le dispositif, d'une grille
de jardin réduite en dimensions, avec des bri-
sures de lignes courbes et des ellipses en la
partie centrale et des lignes droites d'une disposition en apparence capricieuse dans les
parties latérales. Si M. Van Waerbeghe agit
ainsi, M. Hankar et M. Horta multiplient les

lignes courbes, enchevêtrent des crochets sans pouvoir échapper à la régularité et à la carrure qu'ils voudraient fuir, et leur éloignement de la ligne droite donne parfois l'impression du travail d'une imagination un peu facile se dépensant en efforts assez inutiles. Il y a là, comme chez le précédent architecte, bien plus des applications et des indications que des trouvailles et telle façade dont les lignes sont, je le crois, fort recherchées en leur désordre apparent, mais combiné, évoquent l'aspect de grands porte-parapluie en bambou ornés de glace, ce qui est une façon de japonisme moderniste. M. Hankar est l'auteur d'un intéressant projet de ville moderne, on y voit bien des emplois alternatifs de lignes droites et courbes, des fenêtres encastrées dans de grandes baies ovales contrastées avec des fenêtres à pleins cintres, et des vérandahs trapues; on sent bien que l'architecte a un certain nombre de lignes à sa disposition et qu'il sait varier, qu'il répandra sa symétrie plus sur l'espace d'une rue que sur une seule maison, qu'il égaiera ses façades de frises colorées, pour lesquelles les mosaïques sont toutes prêtes ; il manque à toutes ces conceptions une certaine simplicité, vraiment nécessaire au foyer humain.

C'est M. Horta qui a été l'initiateur de ce mouvement et paraît avoir acquis les résultats les plus esthétiques. D'articles critiques, très sympathiques à sa personnalité, on peut induire qu'il blâme l'usage excessif et sans goût qu'on fait en Belgique, de ses fléchissements insensibles ou violents de la ligne droite, en courbe décorative. L'État n'a point encore confié à M. Horta ou à ses émules, la construction de bâtiments publics, où ils aient pu s'élever au-dessus du module restreint de la maison d'habitation, mais M. Horta fut chargé par le parti populaire de lui édifier *sa maison du peuple* ce qui permit à cet artiste de donner plus largement sa mesure.

Une Maison du Peuple, d'après l'enseignement socialiste, doit comporter les locaux d'une coopérative, fournissant toutes denrées nécessaires à la vie matérielle, elle doit contenir par conséquent, une boucherie, une épicerie, un magasin d'étoffes et de chaussures ; elle doit présenter pour lutter contre le cabaret, un café spacieux et agréable. Elle doit aussi s'aménager pour les bureaux nécessaires. En surplus, pour donner à l'ouvrier la récréation intellectuelle, elle doit l'accueillir dans une salle des fêtes où il puisse écouter de la musique, assister à une œuvre dramatique, à une conférence ; la même salle peut être la salle de délibérations des membres de la fédération populaire.

M. Horta a élevé, en se conformant à ces nécessités, à Bruxelles, un bâtiment considérable selon ses principes qui sont de n'utiliser que des matériaux de provenance locale, ainsi la pierre bleue et blanche, la brique, le fer (théoriquement M. Horta exclut le marbre) de ne point faire monter la façade, du sol, en ligne droite, mais avec un infléchissement très léger, une sorte d'allongement des lignes ; aussi l'esthétique de M. Horta l'amène à supprimer le toit, se refusant à l'élément de pittoresque qu'ont fourni aux villes du Nord tant de pignons dentelés et de clochetons, et à le remplacer par des terrasses, ou des plates-formes, qu'il fait suivre par une corniche en relief reliée à la façade par des ornements qui font corps avec elle, et aussi logiques que possible, au lieu d'être des ornements plaqués.

La Maison du Peuple construite avec une grande utilisation du fer et de l'acier (six cent mille kilogrammes) offre une façade cintrée engendrant en sa courbe deux ailes, sur quelques mètres, arrondies, et reprenant la ligne verticale. La salle de café, haute et spacieuse, est débarrassée du profil gênant des colonnettes ; les soutènements étant latéraux. La salle des fêtes, de grande dimension, 60^m de profondeur sur $16^m,50$ de largeur, entourée d'une galerie circulaire de $3^m,50$, est d'une belle et puissante simplicité.

M. Horta a évidemment donné là, avec force et sobriété, un point de départ de l'architecture de demain, une formule pour les maisons communes des groupes et des fédérations qui deviendront de jour en jour plus nombreuses. Pour ces installations, le passé ne fournit point de modèles. Ce n'est plus l'ancien Hôtel de ville qu'il faut reproduire, ce n'est pas le palais des actes légaux dont on a besoin, mais une maison de conseil et de délibération, non de quelques élus, mais de tous, et qu'il faut édifier, en lui faisant signifier le recueillement et la recherche du mieux en une installation sans faste, mais pratique.

En Angleterre, on édifie bien souvent des restaurations, et les toits à pignons ronds surmontés d'une petite flèche, dont les modèles datent du XIVe siècle sont parfois utilisés; des fenêtres rondes, des fenêtres très longues et étroites contrastent avec les larges bow-windows à pans infléchis; ou ce sont des constructions trapues imitant au dehors avec excès, l'ancien toit, presqu'égal à la hauteur de la maison, mais ménageant comme dans la maison communale d'un village de l'île de Man, par M. Baillie Scott, un grand hall aux larges voussures. Extérieurement la façade est extrêmement sobre, chez les architectes anglais; ce qui est pour l'avenir une indication excellente, seules sont apparentes et servent de motifs de décoration les lignes nécessaires et la boursouflure et l'inutile complication sont bannies. Les maisons de campagne anglaises, basses et vastes, avec parfois une teinte distincte aux briques de la base et aux briques

des étages, ornées sur leurs façades principales de motifs de bois uni, dessinant des rectangles et des ovales dans le crépi, contiennent de vastes salles à manger où le motif
extérieur de la décoration bois, et crépi al-
ternés, sont continués (le crépi étant recouvert
par quelque papier du même ton); la partie
haute de la chambre continue le plafond solivé, aboutissant au faîte d'une cheminée
entourée de plaques céramiques, qui fait face à
de larges buffets sculptés; il y a des halls,
toujours avec ce motif de décoration extérieure repris, avec des armoires et des bureaux
à tablettes aux murs, laissant libre le milieu
de la pièce. Le vestibule s'étend sous des ar-
ceaux de bois, le faîte droit, les supports légèrement recourbés vers le haut. Ce sont des
maisons d'une élégance cossue. Mais la même
décoration extérieure est très usitée dans des
séries de cottages d'employés et d'ouvriers que
des architectes comme MM. Owen, Matear,
Lokwood, etc., campent au bord d'avenues
plantées d'arbres, derrière un jardinet, qui,
au pied des cottages, allonge une longue corbeille séparée d'eux par un chemin dallé; les

cottages offrent un long rez-de-chaussée de briques, avec une verrière à quatre pans de face et deux pans latéraux en avancée égale à l'avancée de tout le premier étage que soutiennent à chaque extrémité de chaque cottage deux supports courbes. Là encore une fenêtre plus petite à deux pans de face, et deux latéraux en saillie, s'égale à l'alignement des combles à toit aigu en solivage et crépi. Une frise de solivage circulaire rompt la monotonie des rectangles droits auprès de la fenêtre du premier étage, ou bien le cottage a un bâtiment central en retrait et deux ailes qui vont à l'alignement de la rue. Parfois le groupe possède à ses deux extrémités deux motifs architecturaux symétriques où une fenêtre plus haute se niche entre deux parois inclinées. Tous ces nouveaux cottages donnent à la rue un aspect de sobre confort qui s'allie à son calme et à la placidité des vies du soir qui s'y abritent loin de l'usine, ou du bureau de la Cité. Ils participent comme les maisons des riches au retour du bon temps de la Reine Anne si aimé des chercheurs d'Outre-Manche.

La maison allemande s'est ornée de ferronneries et a adopté les proportions anglaises. L'effort français a été des plus sérieux sous l'impulsion de M. de Baudot, Plumet, Bonnier, Benouville, Guimard, Schoellkopf, etc... L'art de M. Plumet commence à situer dans Paris d'amusantes façades comme celle d'Auvray, place Boïeldieu, curieuse avec ses pavots utilisés en leur forme pour être des lampes de magasins nouveaux où des grilles de fer et cuivre et des bois judicieusement groupés retiennent l'attention; chez M. Plumet ou M. Schoellkopf, plus de lignes brutales ou simplement trop nettes; les balcons sont légers et paraissent naître de la fenêtre au lieu d'y être collés; les encadrements des fenêtres jouent une légère déviation sur la ligne droite. On a égard aux convenances de la matière, on tente de construire pour le but indiqué au lieu d'appliquer aveuglément des règles, les mêmes pour bâtir une caserne ou une église, ce qui comme le fait justement remarquer M. Schoellkopf force à mettre le sentiment dans la décoration.

M. Guimard dans le Castel Béranger, qui est une considérable maison de rapport, s'est servi des éléments de nouveauté anglais, revisés par les Belges et participe un peu de M. Victor Horta. L'élément principal d'intérêt de son œuvre, c'est qu'elle est populaire et que les appartements y sont préparés aux prix ordinaires que peut mettre à son loyer la petite bourgeoisie; quelques emprunts au passé se signalent, le gothique est mis à contribution pour les porches d'entrée, pour des motifs de fonte, et les ornementations sont conçues en méandres qui tiennent de la rocaille du XVIIIᵉ siècle. L'auteur se réclame aussi du japonisme qui lui donne « cette stylisation schématique de l'ornement, qui de l'élément floral ou animal atteint à une valeur graphique ». Mais ces points d'origine étant fixés par l'architecte lui-même, il revendique d'avoir établi une maison de rapport d'un style nouveau, extérieurement et intérieurement. Ce serait un style pour ainsi dire analytique, puisant ses ornements dans les schémas des choses, avec des motifs curvilignes en coup de fouet, empruntés au mouvement de la branche d'arbre, surtout sur les parois intérieurs où le vœu de l'architecte fut

de ne point entrer en lutte avec la décoration
naturelle de fleurs que les habitants y peuvent
mettre. Cette construction, pour rompre avec
l'uniformité triste de la précédente architecture, se saisit avec empressement de toute occasion de bosseler sa façade de verandahs, de
bow-vindows, de la trouer de loggias, d'ins-
taller des avant-corps. Les poutres de fer des
plafonds sont non point dissimulées mais
montrées, non point déguisées sous des motifs archaïques, mais accentuées dans un
dessin qui convient à leur matière. Et c'est
en somme un louable effort à enregistrer
parmi ceux qui contribueront à l'esthétique de
la rue; ce n'est peut-être pas absolu et l'on peut
critiquer l'aspect général et la mise en place
des éléments architecturaux, c'est certainement quelque chose de fait dans une voie
nouvelle. Bien plus classique est M. Plumet,
à qui il faut tenir compte que son goût ne
comporte aucun belgicisme. Sa maison de
rapport de la rue Tocqueville avec un jeu harmonieux de trois fenêtres égales sur une bande
haute de cinq fenêtres superposées, aux plus
larges verrières, frappe comme un heureux

progrès, accompli sans secousse et sans ar-
bitraire. Ce n'est point une preuve absolue de
sa supériorité sur ses émules en art nouveau,
et peut-être, bénéficie-t-il de ce qu'il ne dé-
range pas brusquement des habitudes, pourtant il semble avoir eu soin de garder de
classique ce qu'en nécessite la mise en accord
avec nos rues. M. Plumet se réfère aux principes architecturaux du moyen âge interprétés
par Viollet le Duc, et indique une nécessité
de simplicité dans la décoration. La coloration
diverse des matériaux joue un rôle dans ses
œuvres; il utilise le vert pour peindre les
boiseries, donne des formes d'enroulement
aux ferronneries des balcons. « Point d'inutile
et fastidieuse corniche (dit un critique de
M. Plumet), pour couronner lourdement l'é-
difice, mais un simple encorbellement d'une
coupe élégante qui supporte une svelte galerie faite de colonnettes dont les chapiteaux
sont les sommiers des arcs en brique émaillée
qui les réunissent. »

Le point où sont d'accord les théoriciens
français de l'architecture toute récente, c'est
dans la sobriété de l'ornementation; tous la

veulent ordonnée par la construction intérieure et obéissent à un idéal strict. Une recherche aussi d'unité dans le total de la construction, d'une ligne générale commandant un bouton de porte et une ferrure, comme un balcon et la totalité de la façade et formant la réalisation d'un dessin homogène ; tous aussi, réfléchissant à l'aménagement intérieur de la maison, le veulent plus complet avec des tentures toutes prêtes, dispensant l'habitant de l'orner personnellement ou bien étendant leur action sous la nécessité indiquée de donner un accent à toute la construction, ils donnent leurs soins au mobilier et en règlent la forme et la coloration.

CHAPITRE XII

LA RUE PITTORESQUE.
LES TOITS.

Un poète parnassien, Albert Mérat a eu l'idée jolie de chanter les jardinets de Paris, non pas ceux qui ouvrent près des palais, aux Tuileries ou au Luxembourg, leurs quinconces d'arbres et de statues, ni les grands squares à grottes artificielles, comme ces Buttes-Chaumont, spacieux réservoir d'air des quartiers populeux, ou son émule Montsouris, où des astronomes étudient dans un pavillon en Turquerie ingénieusement comique ; pas même ceux qui bordent les balcons riches de plantes à la presqu'arborescente frondaison. Parfois on y met à l'air par les beaux jours, des palmiers qui n'ont point assez grandi pour devenir nostalgiques. Les jardinets de Mérat sont aux fenêtres des combles, et les jacinthes et giroflées si l'on veut de Jenny l'ouvrière, auprès parfois d'une cage où un oiseau pépie et se démène, forment une jolie lisière de couleur, au pied du toit, du toit qui est en général bien laid, même quand dans une maison moderne, toute moderne, l'architecte a résolument sur le faîte de sa bâtisse, juché un campanile à la Florentine, ou bien un petit dôme, ou des combles courbes tels ceux qui ornent le Pavillon de Flore.

Le toit n'est pas beau de forme, malgré le petit escalier marqué pour les couvreurs; le toit est laid de par la cheminée. Quel architecte, quel artiste ornemental trouvera le moyen d'esthétiser ces nécessaires issues de la fumée? En attendant, toute la cime de Paris se hérisse de colonnettes au chapeau mouvant, d'allures schématiques de guerriers qui tournent tous la tête du même côté comme pour voir d'où vient le vent; cela peut aussi évoquer l'idée de très maigres béguines arrêtées en une immense procession et marmonnant avec des mouvements de tête sous de larges et noires coiffes. Parmi ces formes noires, une cheminée en pierre s'élève comme une tour grêle, comme pour rappeler que nous vivons dans l'âge de feu, dans l'âge de fer, dans l'âge du fer laminé et tréfilé, ainsi qu'on le manie sans doute au-dessous de ces longs tuyaux de briques, de ces énormes colonnes qui hérissent, végétation drue et laide, la banlieue de la ville. Il n'y a de trève à ce continuel hérissement de tôles roulées que les intervalles creux où passent les rues.

Pourtant quelques maisons s'émancipent de cette mode tyrannique du toit à côtés déclives en concordance, de cette mode aussi sévère qu'un canon prosodique ou une ordonnance de la mode, et des terrasses apparaissent et des jardins suspendus, faits pour le repos et l'agrément. Ce ne sont pas encore les immenses jardins suspendus de Babylone, qui étaient sans doute quelques arbres sur les hautes terrasses, et sur toute terrasse très solide on ne voit pas pourquoi des verdures ne seraient pas disposées, mais on commence par des jardins auxquels on a accès par des ascenseurs. Mode américaine adoptée en Allemagne, adoptée aussi en France depuis très peu de temps pour des bâtiments neufs, dont l'un était un hôtel ambitieux de donner pour l'Exposition de 1900 à ses voyageurs, un commode panorama de Paris.

Flaubert nous a montré dans Salammbo, les négociants de Carthage, le soir, les affaires finies, causant ensemble parmi leurs familles et s'ébrouant dans l'air, comme en un bain. Il en avait pu voir le spectacle dans l'Orient moderne où la terrasse est un lieu de bavardage tout le jour pour les femmes et où le soir les hommes viennent respirer l'air frais. C'est au-dessus de la mer toute une rue nouvelle, seulement on y est cantonné dans son îlot de maisons. Les loques tendues battent l'air en cas de brise comme les éventails et c'est de là qu'on répond au muezzin.

Si la mode de ces toits arborescents se répand à Paris, c'est sans doute sur ces jardins nouveaux, que l'été, la foule mal logée des prolétaires ira chercher le frais et l'air pur, au lieu de se grouper sur les bords du trottoir, et sur les refuges des places. C'est un des spectacles de Paris, mais non des plus souriants, à cause de ce qu'il comporte de réflexions pénibles sur l'exiguïté et l'insalubrité du logement, dans ces maisons-casernes qui contiennent tant de gens et tant de marmaille, que cet emprunt de la rue par ceux qui fuient la chaleur lourde des chambres sans air, et un bon sociologue redouterait le plein-pied du terre-plein de place publique, ou du trottoir de rue d'abord raisonnablement choisi pour aspirer quelques bouffées d'air, de la porte du marchand d'alcool, dont l'alambic de cuivre et le comptoir de zinc encadrent les promesses colorées. Il semble que montant au-dessus de la rue, les gens seraient exempts de la tentation ; certes, avec d'amusantes lumières le groupement sur les terrasses de travailleurs se reposant la journée finie serait pittoresque, et il faut espérer que les architectes de ce futur Palais du peuple qui sera chez nous une chose si nouvelle, voudront adopter cette mode renouvelée, du toit en terrasse de bien-être, où les ondées sont résorbées par un sol artificiel ou dirigées de façon à ne pas nuire et qui leur éviterait la coupole ou le dôme déjà bien utilisés pour d'autres et différents monuments. Les plates-formes de plaisir se tiendraient avantageusement devant

les plates-formes de désespoir, que les désespérés choisissaient pour se précipiter, dans la
mort et la ville de Paris si cet usage se gé-
néralisait, aurait tout l'été, sa tête couverte
d'une couronne florale.

LE PAVÉ.

Le pavé de Paris date de Philippe-Auguste,
on sait que ce roi atteint d'un deuil personnel
par suite du mauvais état des rues, dalla sa
capitale de larges pierres. Le pavé de Paris
servit donc à la marche de ses citoyens longtemps et sans autre attribution jusqu'à ce que
le Bellone des guerres civiles lui assignât un
emploi supplémentaire : celui d'être aux jours
troubles décollé de son alvéole et industrieu-
sement accumulé en barricades. On sait que
Victor-Hugo dans *les Misérables,* insiste sur
ce fait qu'il y eut au moins deux styles de barricades, et qu'il oppose à la barricade de Saint-
Antoine lors des journées de juin, orageuse,
houleuse presque avec de vastes contrescarpes
et presque des contreforts, une barricade érigée

au Faubourg du Temple, lisse, nette et comme rejointoyée, toutes deux terribles. La dernière sans doute des barricades aura été cette énorme redoute de la place de la Concorde, faite de pavés et qui tint si longtemps sous la Commune. C'étaient de solides pavés de grès.

Ce grès disparaît graduellement et lentement sous l'invasion de l'asphalte et surtout du pavage en bois, mais certes, avant que toutes les rues aient pris la lisse consistance que donnent les carrés de bois, on ne se souviendra plus que d'une façon archéologique que le pavé de grès ait pu recevoir cet emploi meurtrier.

Le sol même de la rue, pavé et trottoir, reçoit à Paris fort peu d'ornements, quelques refuges où se placent des réverbères, pour l'édification desquels le goût nouveau n'a pas encore été consulté et les petites fontaines Wallace, avec leur coupole classique et leurs statuettes, dénotent aussi qu'elles furent conçues à un temps où la fausse antiquité réglait tout. On a ajouté comme ornement des cadrans qui reçoivent pneumatiquement une heure égale pour tous; on a, dans l'assiette plate de quelques terre-pleins, juché quelques statues, Palissy, Shakespeare, Alexandre Dumas, le sergent Bobillot et c'est jusqu'au monument de Dalou tout ce que l'architecture ornementale a fait pour le pavé de Paris.

En revanche, la parure mobile s'est modifiée. Il y a quelque vingt ans, ce sol était exclusivement sillonné, outre les promeneurs, les affairés, les badauds, par les marchands des quatre saisons qui poussent leurs brouettes avec des modulations éraillées, les grands omnibus et les voitures. Parfois, au coin d'un trottoir, un homme tendait de petits papiers-réclame, un à un, jusqu'à l'épuisement du millier complet ; c'étaient des gens vieux et débiles qui étaient chargés de ce soin, autour d'eux à vingt-cinq mètres circulairement, le pavé était jonché des circulaires émanées d'eux. Le pavé s'ornait des éventaires et des kiosques à journaux, quelques porteurs clamaient des journaux politiques le long des grands sentiers par où la population ouvrière se déverse dans Paris. Les principaux carrefours de ces passages, c'était la place du Château-d'Eau où aboutissaient et Belleville et le faubourg Saint-Antoine et Ménilmontant et

Saint-Maur, la place du Châtelet par où arrivaient vers le centre ceux des Gobelins, de Montrouge ; des surfaces comme le rond-point de la Villette, ou la place Rochechouart possédaient aussi, du fait de ce remuement de foule à l'heure du matin où les travailleurs descendent dans Paris et celle du soir où ils vont en sens inverse, une juste célébrité.

Mais depuis ce temps où seuls, les distributeurs de prospectus, la petite vendeuse de fleurs et le commissionnaire toujours absent laissant en signe de son existence son crochet et sa boîte à cirer, étaient à peu près les seuls hôtes fixes du pavé, quel changement !

D'abord, c'est la longue série des hommes sandwiches, surmontés de leur haute plaque de bois, réclame lente et obstruante. C'est la procession des brouettiers, qui entraîne sur deux roues, de haïssables bas-reliefs en carton plâtre ou en papier gaufré, qui disent les Alhambras, les Music-halls, et tous ballets en général, à la façon de bons philosophes bien résumant la situation exacte de l'attraction, par un portrait de danseuse ou de chanteuse. Ainsi fut promenée l'image d'Yvette Guilbert. Aussi on a jeté tout le long du pavé de Paris les rails de fer des tramways et les piétons et les chevaux ont vu naître le troisième mode de locomotion et filer entre eux les rapides bicyclettes, toutes les variétés du cycle, jusqu'à l'arrivée en foudre, rapide, sonore, en anhélements de dragons, en fracas de cloches ou de trompettes de toutes les variétés d'automobiles, si pressées, si rapides qu'on dirait que la rue de Paris est un chemin qui court d'une vitesse de torrent. En vérité, il n'y eut pas de pareil changement dans l'aspect de nos rues, depuis la suppression de la chaise à porteurs, ce meuble de forme si élégante, lorsqu'il nous montre en un musée son aspect vieillot de belles étoffes surannées, mais qui devait être assez disgracieux à la marche. La chaise à porteurs s'est réfugiée chez les Hovas; chez quel peuple civilisé un peu, mais notoirement en retard, se réfugieront bientôt les voitures à chevaux, et l'automédon (nom archaïque)? Peut-être à Libéria et aussi dans les musées, à côté des carrosses monumentaux où l'on avait la place de peindre toute une nature et de modeler toute une apothéose. Depuis une dizaine d'années, le sol de Paris a changé, et certes les romanciers l'indiqueront bientôt et diront pour dépeindre l'accident autrefois rare d'un écrasement : c'était dans le temps ancien, à l'âge des voitures, avant la bicyclette et les automobiles; autrement on ne comprendra pas plus que si une description du boulevard de Gand, nous était donnée un matin dans un journal comme actuelle. Et cette modification de l'ensemble a changé tous les détails; ceux qui pensaient que toujours les voitures élégantes et pavoisées de dames en couleurs claires descendraient avec une grâce nonchalante (les voitures se serrant les unes près des autres de façon à former, du majestueux Arc de l'Étoile jusqu'aux chevaux de Marly, un luxueux cortège, un triomphe de la bonne grâce, de la mondanité parisienne et des arts de Paris) ne se doutaient point que cela deviendrait comme une piste descendante sillonnée d'une course furieuse; aussi en voyaient-ils sans doute la montée plus solennelle. La terrasse des Feuillants où les héros de Balzac allaient contempler la large allée triomphale, admiraient

Paris, en se jurant de le conquérir, de même que du Père-Lachaise, ils le maudissaient en se jurant de se l'annexer, au lieu des quais tranquilles, aperçoit les constructions énormes de la Babel-Exposition, les tours de fer, les dômes aux courbes énormes.

L'horizon a changé. Les boulevards, les avenues, partout se hérissent d'aubettes, de bâtiments nécessaires et parasites à l'ordonnance générale ; la tendance va à les augmenter. Ne va-t-on point disposer des bains ou plutôt des douches publiques, à compartiments, sous forme d'édicules ? et le Métropolitain va dessiner sur certaines places de Paris, jusque-là si sobres d'aspect, le profil moderne des petits halls d'accès de ses gares souterraines. On peut dire qu'autant les utilisations du sous-sol de Paris ont été multipliées depuis la première organisation des conduits d'eau et de gaz, autant le sol a été surchargé de nouveaux éléments de circulation depuis les omnibus nouveaux jusqu'aux Béhémots géants des tramways électriques et les menues et rapides voiturettes au pétrole.

Comparez le Paris où flâne Gérard de Nerval, son Paris, des halles nocturnes aux gais moulins montmartrois, à ce Paris de Zola où fourmille (dans le *Ventre de Paris* et aux autres romans), un grouillement si puissant. Le Paris des Rougon Maquart, comme masse, comme foule, comme vacarme, comme symphonie puissante et multiple est au Paris nouveau ce que le Paris de Louis-Philippe fut au Paris de l'Empire. L'énormité de la ville, accentuée par toutes les usines qui lui modèlent une hauteur, est accentuée par ce galop des forces naturelles ; ce n'est pas Babel qui monte, mais c'est *Léviathan* qui court en mille squammes, ou miroite sur lui-même en mille reflets mobiles. Pour toute ville moderne, le changement relativement est le même ; que sont devenus ces marchés qu'Hoffmann étudiait de ses fenêtres analysant un à un les passants, ou les rues dont Dickens, facilement donnait la clef psychologique ?

LES TAVERNES.

Une des plus fréquentes portes ouvertes sur la rue, c'est celle de la Taverne. Autrefois, elle s'ouvrait sous un auvent avec une enseigne très visible, pendante sur la rue, à hauteur de l'étage ; une pomme de pin, un lion d'or, un sarrazin lui servent de motifs décoratifs. Parfois la porte, qui s'ouvre au ras de la rue, mène à un caveau, plus rarement la Keller, la cave à mettre les tonneaux pleins auprès desquels on boit (on boit sur des tonneaux vides) est germanique. Elle est sous la maison communale ; elle en est la cave, elle en constitue les fondations, réellement et symboliquement ; actuellement encore en pays flamand, où les vieux us ont duré avec entêtement, dans les villages, la maison communale et l'auberge ne font qu'un. Il y en eut peu à Paris, il n'y en a plus qu'une et encore est-elle utilisée pour un dépôt de bières de Bohême ; ce recueillement du milieu contrasté avec le bruit des conversations, n'est pas du goût du Parisien qui dans ses tavernes ou cafés, veut voir. C'est pourquoi Paris a multiplié devant ces établissements les terrasses inconnues à Londres, rares ailleurs. C'est Paris qui aime à s'asseoir et à déguster quelque boisson au ras de ses rues. L'Allemand aime aussi à boire en plein air, mais il lui faut un décor de jardin tandis que le Parisien veut le frôlis direct du passant qui presque touche sa table, qui court après l'omnibus, ou la dame, qui d'un seul geste de son parapluie, l'arrête.

Les modifications décoratives de la façade des tavernes ont été rares. On peut indiquer que le décor presque nécessairement blanc du vieux café, avec une ornementation Louis XV faite pour lui donner autant que possible l'aspect d'un salon de jeu, fidèle à une esthétique qui date de la Restauration, a presque partout fait place au décor brun de la brasserie imité de l'Allemagne, qui constitue en certains endroits pour y boire la bière, des sortes de chapelles gothiques à vitraux profanement imagés, mais en somme, ces chapelles ne sont pas très fréquentes en Allemagne et n'y présentent pas le décor obligé de toute brasserie. Nous avons ici enchéri en cette matière sur le germanisme et lui avons donné une solidité qu'il n'a pas chez lui. Telle quelle, la brasserie ou taverne artistique à fond brun, avec carreaux céramiques représentant d'abord un Gambrinus comme le veut la mythologie de la bière, et une foule de comestibles, où le poisson est particulièrement fêté, à cause des similitudes lointaines de son émail et de l'émail céramique qui possède quelque peu de sa buée brillante, fut la modification où vint se perdre le vieux café blanc et or. Les divans rouges furent enlevés pour faire place à des banquettes de cuir, la table de marbre blanc, classique comme la grande sculpture, céda le pas à la table de bois brun ou de marbre de couleur (romantique et presque impressionniste); la façade resta la même sauf qu'elle passa du blanc au brun, avec ses chaises de fer, ses petites tables de fer et le store aux branches de cuivre ou de fer, mais seule la façade restait ainsi, sauf un changement, il est vrai, important, conçue selon les mêmes principes.

Pousset et ses émules ayant débité de la bière allemande, accepteraient évidemment l'origine allemande du décor où ils la servaient. Leurs architectes pourraient peut-être protester et ouvrir à ce sujet une controverse analogue à celle qui se livre autour de la Chanson de Roland et du Roman du Renard, et des légendes de la Table Ronde pour fixer leur origine tudesque ou gallo-latine, ou celtique. En effet, ces architectes purent, sans penser aux brasseries restituées d'après des cabarets de Haute-Bavière, trouver dans l'héritage français tous les éléments de leur décoration et peut-être l'Allemagne garda-t-elle des modèles plus lointains de vieux cabarets, parce que tout y fut plus traditionnel qu'en France, et que le style Empire ou Restauration ne les y avait pas transformés. Certes le cabaret où Faret crayonnait, où Saint-Amand buvait, où Chapelle et les classiques hantaient, possédait des tables de bois et des escabeaux de ce chêne bruni. Le luxe des tapisseries n'était pas inconnu en France ; loin de là, elles y représentaient aussi largement qu'ailleurs des scènes de beuverie, et qu'importe qu'on en ait exilé les Magots, si l'on y plaçait Bacchus, Silène et des Faunes grapilleurs de raisins et de coupes ; le plafond solivé n'était pas non plus exclusivement germanique ; pourtant dans l'ornementation il faut bien dire qu'un détail fixe l'imitation allemande, ce sont les grès, les grès bleu pâle et bleu foncé, avec

décoration rhénane qui à tous ces établissements figurèrent sur des plinthes d'un caractère gothique. Ils diffèrent des vieux grès
français.

Notons qu'à côté de ces ressemblances, des
différences existent et que si on a décoré de
peintures certains cafés à l'étranger, il semble
que ce fut à Paris qu'on commença. Bien ancien est le plafond que le peintre Clairin pei-
gnit pour un café du boulevard; plus récent (et
déjà disparu) fut ce Chat Noir où une génération
de rapins et de peintres organisa, en laissant
l'apparente initiative à un cabaretier d'allures
truculentes une sorte de petit coin à son image,
peignant aux murs, avec maniérisme, un type
de femme bien du temps et bien appartenant au
peintre Willette. En ces endroits, on a dit de
bien mauvais vers et on chanta d'assez lestes
chansons. Il y eut des passants qui s'arrê-
tèrent là, des fins et des grotesques; il semble
que Jules Jouy a gravé le langage de la Muse
de l'endroit avant qu'elle ne tombât à l'ordure
avec Bruant; mais les ornemanistes, les peintres, les Willette, les De Feure, les Rivière et
tant d'autres qui accrochèrent des pochades,

indiquèrent des bibelots, contribuèrent à ce que le lieu pût être un instant amusant pour eux, doivent être loués à part; ce ne fut point autre chose qu'une petite création de mode passagère, pourtant c'est une note dans l'esthétique de la taverne et de la rue qui pour la première fois depuis longtemps voyait grincer sur elle une enseigne de fortes dimensions en tôle découpée.

Cette esthétique, agrandissant les dimensions créa le Pousset des boulevards, avec sa décoration en céramique et bois sculptés, et dans le même établissement la réaction fatale contre la brasserie à colorations sombres s'indique dans la salle du restaurant. On en a pu dire que tous les arts mineurs de l'ornement s'étaient efforcés à faire une belle et large place à la peinture, qu'ils avaient fait leur devoir en l'accompagnant de matières choisies, bien en place, ferronneries, céramiques joliment disposées et contournées, et que la peinture n'était pas venue, ou insuffisamment couvrait les murs d'une plaque colorée, vive et claire, mais sans charme esthétique. L'effort des architectes et des décorateurs à l'ancien café Riche fut assez sérieux, il appartenait aussi au renouveau de la décoration claire.

Les architectes y procédèrent un peu par voie d'exception, à la façon d'un directeur de journal qui donnerait des interwiews d'hommes politiques sur les questions théâtrales, et d'hommes de théâtre sur les questions politiques. Ils confièrent des bas-reliefs à Raffaelli qui est un excellent peintre, demandèrent à Forain, un dessinateur, surtout un artiste de blanc et noir, des cartons de mosaïque polychrome qui furent très inférieurs. L'ensemble était criard et manqué. L'architecture qui l'a remplacé est lourde, et d'un grand apparat (relativement à son but) sans beauté.

Il est évident que, même dans les humbles débits, les aménageurs poussés plutôt par un instinct que par un désir de beau, s'orientent vers une mise en scène un peu plus compliquée du brillant comptoir de zinc. Le nombre fastidieux des glaces diminue à l'intérieur, la vitre dépolie fait place à des carreaux où des branchages, des motifs décoratifs s'exhibent. Le plancher sale est remplacé par des carrelages parfois arrangés avec goût, la devanture sang de bœuf devient rare, et on aperçoit des devantures de chêne clair ou de glaces quadrillées, et aux portes des courbes de bois naturel, volutantes selon l'esthétique la plus récente. Mais rien de bien satisfaisant n'a été produit et il faut encore pour trouver une façade nouvelle, se reporter aux travaux encore en nombre trop restreint de MM. Plumet et Silmersheim.

LES FÊTES MODERNES.

Dans les fêtes populaires, ce qui change le moins c'est, en son essence, la gaîté de la foule en ses principales manifestations : c'est toujours, avec une dose variable d'énervement, le goût de persécuter légèrement le prochain et l'hilarité causée par ses mésaventures.

Un homme tombe, on rit; un homme se fâche d'être tombé, on rit plus encore; un enfant lance un lazzi, ou c'est une femme qui piaule, alors la joie est complète. Il y a un besoin rageur de se jeter, entre gens qui s'amusent, quelque chose à la face, de se tirer les vêtements, de se harceler prestement; comme les enfants se jettent des boules de neige, les rieurs du carnaval se jettent des confetti. Le mobile des fêtes est toujours le même, on en a changé le haut prétexte. Il ne s'agit plus de laisser le peuple danser en rond et chanter. On allègue avec un grand sérieux, l'utilité de faire marcher les affaires; c'est peut-être la cause que la gaîté se dégage moins franchement. Autrefois, les corporations organisaient des cortèges, maintenant ce sont les municipalités soucieuses des *circenses* de l'électeur. Les cortèges y gagnent une unité et se contaminent de monotonie.

Les travestissements du carnaval sont simples et tranchent actuellement fort peu d'avec les anciens. L'intelligence humaine cherchant toujours des manifestations plus complexes, se contente moins de ce déguisement sans effort d'imagination qui changeait les vêtements des sexes. Ceci se conformait en quelque sorte à la tradition antique des saturnales qui effectuaient pour un temps court un troc de costumes et d'allures entre le maître et l'esclave. Nos couples modernes effectuaient un déguisement parallèle dans leur échange et leur réciprocité. Des autres, ceux qui préfèrent s'objectiver, en gardant leur prérogative d'hommes ou de femmes, simplement en un costume, la plupart demandent leur imagination à la Comédie Italienne, telle que la parisianisa Deburau au Théâtre à quatre sous. Et voici sur les boulevards, des Pierrots blancs, des Pierrettes à nœuds roses, chapeaux blancs, fourrures blanches, et rubans roses. Pierrette a détrôné Colombine, dont le costume est devenu un costume de Gitane qui s'apparie avec celui du Toreador, si fraternellement, près de celui d'Arlequin. Il y a des Arlequins et des Arlequines, peu de Polichinelles; le masque aux gros traits et les bosses obligées flattant bien moins que le svelte collant d'Arlequin.

A côté de la Comédie Italienne on voit défiler les vieux costumes de l'armée, les gardes françaises pullulent, et les tout petits, à la mode plus récente, consentent à être cuirassiers; l'histoire donne des marquis, des

merveilleuses, des incroyables, des pages
Henri II, des Turcs d'avant la réforme du costume, des Levantins à la moderne qui sont
parfois de vrais Levantins. Le feuilleton donne
des brigands des Abruzzes, des paladins de
barrière; pendant ce temps-là, des postillons
Louis XIII et des chevaliers bardés de fer
traversent Paris à cheval se rendant au point
de formation du cortège, Hôtel de ville ou
Cours la Reine.

Des villes de province ont voulu ressus-
citer des cortèges; Rouen entre autres :
M. Adeline a donné le procès-verbal gravé
de plusieurs. Il manque justement à ces ca-
valcades historiques, même lorsqu'en Belgique, elles concluent à un behourd ou simulacre
de joute, la gaîté qui peut suivre un cortège
allégorique de Paris; car, si allégorique que
le constitue l'architecte de la ville qui y a
donné ses soins, pour le peuple ce n'est jamais
qu'une série plus longue de déguisements et
une exhibition féminine; allégoriques ou historiques, ces évocations ont à peu près la même
valeur de reconstitution. Les véritables héros
des mascarades, ce jour-là, ce sont les arbres.

avec leurs longs rubans de couleur qui en font si l'on peut dire, des saules rieurs ; ils évoquent un instant auprès de cette foule qui voudrait être ailleurs, un jour, l'aspect de parcs irréels, d'arbres d'un Japon gai et cru. Ils complètent par cette sorte d'enrubannement leur paradoxe d'être là, sur les boulevards, où il semble bien que des arbres à feuilles artificielles ne seraient pas déplacés même à d'autres jours qu'un carnaval ou une joyeuse entrée. Mais si l'on voulait que ce jour d'ébats concourût au plaisir esthétique, il y faudrait mille modifications. Il sera toujours difficile d'obtenir d'un homme raisonnable de notre temps qu'il se fasse, même un jour, une sorte de fantôme réjoui du moyen âge, mais la figuration pourrait être triée et organisée, comme s'il s'agissait non seulement d'un défilé théâtral mais encore d'un défilé dans un théâtre soucieux de sa mise en scène. Obtiendra-t-on facilement, même en une époque plus avancée socialement, quand les syndicats auront remplacé les corporations complètement, que l'idéal nouveau aura pris plus de corps et que cet idéal aura obtenu un respect et une croyance que l'opinion politique ne peut donner, des marches à travers la ville, en pompe grave et réfléchie? On peut citer l'exemple, sur très petite échelle, de certaines cérémonies que Ruskin organisa. Il est certain que bien des sociologues et des artistes qui espèrent de l'amélioration sociale une nouvelle vision de l'art, penchent pour l'affirmative.

Il est probable à notre sens, que le citoyen, en s'affinant, verra croître en lui la propension de l'intellectuel à être plutôt le contemplateur d'un spectacle qu'un des acteurs perdus dans sa masse, et que s'il y a dans l'avenir, des cortèges moins paillonnés, moins vulgaires que les marches actuelles du mardi gras et de la mi-carême ce seront pompes ordonnées et réglées théâtralement par des décorateurs. Mais rien n'empêchera de les choisir ayant du goût. On pourrait se demander pourquoi en ce jour de liesse du Carnaval à Paris, qui non seulement se passe parmi une population fort intelligente mais encore compte, parmi ceux qui veulent s'amuser et s'amusent dans la rue, tant d'ouvriers d'art, on n'ait point créé de longtemps, on n'ait jamais créé même, de costumes nouveaux. Il semblerait que le goût populaire, si fertile en mille petites inventions lorsqu'il s'agit d'industrie et dès qu'il s'agit de toilettes de tous les jours, reste impuissant devant le travestissement, et qu'il n'y trouve pas même l'équivalent de cette puissance littéraire qu'il exerce sur la langue qui est de dénaturer les mots et de donner naissance à la variation argot. On peut voir aussi que pas une des vestitures apportées par la peinture n'a eu d'adeptes parmi ces rechercheurs de bigarrures; la chose moins étonnante pour les hommes qui ont besoin de tout un costume assez long à exécuter, est surprenante pour les femmes qui taillent elles-mêmes leurs parures de métamorphose et pourraient facilement y introduire tels plis ou telles couleurs entrevus à un théâtre ou sur une affiche.

L'explication de cette pauvreté d'imagination c'est évidemment qu'à cette occasion le peuple pense en masse, se souciant trop de l'impression de tous et une néophobie est engendrée par la peur du ridicule que semble aux Français l'exhibition brusque de quelque

chose de nouveau en pleine rue ; le symptôme
aussi semblerait indiquer que ces fêtes bientôt
auront vécu. Une chose qui doit durer a plus
de saine mobilité ; les organisateurs de cortèges toujours les mêmes, en un monotone
défilé de chars précédé de chevaliers d'acier et
de gentilshommes de la cour du Roi Soleil
auront beau faire. Il est probable que le populaire trouvera autre chose que cette lan-
guissante ou un peu hargneuse réjouissance.
Si la société s'ennoblit, évidemment sa gaîté
s'en ressentira et l'on cherchera individuellement, ceux au moins à qui il plaît de revêtir
un costume, à lui donner quelque signification.

La fête nationale, ce jour autre de liesse,
se compose, en dehors de l'apparat militaire,
de bals et de feux d'artifice. La diffusion des
lumières colorées, reflétées par l'eau ou étin-
celantes sur les buttes, est le fait de l'État ; les
groupements de danse sont le fait des particuliers.

On a loué l'amusement pour les yeux
de Paris, à ces jours et ces aspects de grande
lanterne japonaise, et les rayons multicolores

de ses feux, et la beauté des illuminations dans les rues étroites et dans les recoins de la ville. Encore qu'un peu de monotonie n'en soit pas exempte, la bonne volonté de tous arrive à pavoiser la ville de belles lumières; il y manque de l'ordre et du recueillement. Les sens s'affinant mieux d'une fête pour tous, il sera bon d'en faire disparaître les discordantes symphonies et les musiques aigres; il semble que les fêtes nationales soient encore à leur enfance. C'est sans doute, ces jours-là, dans l'avenir, que des théâtres populaires s'ouvriront, donnant pour rien à la foule la primeur des belles œuvres ; ce devrait être ce jour-là qu'on découvrirait les fresques nouvelles; il faudrait associer l'idée d'art et celle des fêtes de la Nation. Question de temps. Actuellement la fête de la rue n'a point d'esthétique; il n'y a que grouillement, foule et lumières. Les lumières seules y apportent de la beauté, ou plutôt de l'intensité ; encore y arrivent-elles seulement par leur nombre et non par leur disposition.

CONCLUSION

Y a-t-il un art de la rue?

Oui, mais il dépend de circonstances extérieures à l'art qu'il puisse totalement se manifester.

Car il faudrait admettre pour qu'il fît sa preuve, l'édification de quartiers neufs, surgissant entiers du sol, n'étant point gênés par de trop grandes servitudes. On verrait alors l'architecte pouvoir disposer les éléments de son paysage, les courbes de ses rues, avant d'en aborder le détail constitutif, ses façades, et les détails corollaires, fontaines ou ornements sculpturaux destinés à varier le décor de la rue.

Dans le remaniement des rues existantes, l'art de la rue, ne peut s'exercer que mal à l'aise et les façades construites isolément les unes des autres, doivent être comprises en un tout, en la seule page qu'elles dressent dans le déroulement du décor qu'elles trouent parfois. La rue est ornée par sa parure immobile, façades, statues et par sa parure mobile, affiches, lumières, enseignes et styles particuliers des devantures de magasins. La parure mobile de la rue a reçu des artistes contemporains des soins et s'est renouvelée grâce à l'affiche et à la lumière. La parure immobile consistant en façades a été moins heureusement partagée et l'on peut conclure que les remaniements heureux de la plupart des façades nouvelles, ne touchent point tant au fond, soit à la disposition et aux grandes lignes décoratives, qu'aux détails, recherche d'harmonies dans les peintures des boiseries, harmonie dans les couleurs de matières de construction par l'emploi, sur la même façade, de la pierre, de la brique, du fer et l'harmonie des détails décoratifs, de l'encadrement des fenêtres ou des linteaux de porte par la céramique.

Les artistes de l'art appliqué sont prêts à livrer à l'architecte tous les modèles d'art nouveau, ou du moins de recherches nouvelles qu'il désire. C'est l'architecte qui le moins souvent est prêt à en faire un judicieux usage ou le peut le moins, car l'architecte ne peut opérer qu'une fois le capitaliste rallié à des idées de construction nouvelle et d'esthétique. Ceci est l'œuvre nécessaire du temps.

L'art de la rue sera l'aboutissement des recherches qui s'orientent vers la création d'un style nouveau. Le XIXᵉ siècle n'a pas eu de style propre ni dans l'architecture ni dans l'ameublement; ce siècle a été celui du livre, du théorème, du poème, du tableau, du drame musical. Appliqué à ses grandes recherches d'idéologue, il ne s'est pas infiniment soucié d'un endroit harmonique, où dire les uns où placer les autres.

On a dit justement que la Révolution, en dehors de ses bienfaits d'apport, avait été artistiquement iconoclaste. Elle a brisé un art de raffinement, de vie privée bien entendue, de luxe aimable et artiste, de grande création personnelle pour les menuités. Elle n'a rien mis à la place, car elle n'eut le temps que de vivre, et l'Empire, appauvri d'hommes d'idées, par le recrutement de la milice et l'émulation des grades, ne put constituer pour ses palais et ses rues, que la pétrification du rêve républicain dont les révolutionnaires avaient aimé les histoires, les légendes et les propos, le rêve de la Rome ancienne. L'Hellénisme n'y paraît guère et l'architecture de l'Empire nous donne la maison carrée, la colonne Trajane, l'Arc de triomphe à la romaine. Le style Watteau, qui existe en soi, est détruit par un style David qui est de la reconstitution. Quand le siècle reprend ses esprits, que tant de rangs serrés se dispersent en essaims de volontés libres, que le romantisme naît, l'art de la rue n'en bénéficie point sauf dans l'ordre historique; on fut plus attentif à préserver de vieilles façades, on n'instaura rien. Le romantisme pictural avait pourtant renouvelé la couleur dans le tableau d'histoire et réinventé le paysage; le romantisme, sans rien fonder, fit passer un grand remuement d'idées; l'art architectural ne trouve que fort peu de chose. S'il se fût davantage exercé, il n'eût abouti qu'à des reconstitutions; les temps n'étaient pas prêts. D'autre côté, la bourgeoisie qui arrivait à la fortune n'éprouva de besoins que de confort intérieur et d'aspect de richesse. En un temps de littérature audacieuse, on fabriqua les plus plats bibelots et la plus simplette décoration qui se puisse imaginer. Nous avons dit que le style Napoléon III, pour la rue, fut défensif, fut inspiré par des considérations d'ordre politique plus encore que social. La voie large et rectiligne est instaurée. L'alignement est imposé du même esprit qui, après la Fronde, défendait les saillies, et en finissait avec la tourelle et les poivrières d'où l'on pouvait tirer. Néanmoins, c'est avec les linéaments apportés par ce style, par cette indigence de style, ces conditions neutres, que l'architecture moderne doit suffire à mener à bien son œuvre et à formuler son style. Au moins s'aperçut-on de la possibilité et de la beauté de certaines perspectives et la banalité de la rue droite put être ainsi corrigée par ses débouchés sur des arbres ou des palais, ou des terre-pleins à grandes dimensions, avec un motif sculptural à leur centre.

Ces grandes voies donnent des possibilités d'art décoratif à toutes leurs maisons d'angles.

Des styles différents s'introniseront dans des villes différentes, car les nécessités de la vie sont différentes ou revêtent un autre aspect dans les capitales diverses, mais partout l'architecture sera dominée par des règlements de voirie à peu près semblables pour la base de la maison. Relativement à la hauteur, l'Amérique donne l'exemple de ne s'arrêter que devant des raisons émanant de la solidité des matériaux de construction et de la limite de la puissance de l'ingénieur. Elle donne ainsi sur le style nouveau une indication; cette indication a été corroborée d'ailleurs à l'Exposition universelle de 1889. On sait le rôle qu'y jouèrent les ingénieurs et leurs galeries effectuées avec des courbes métalliques; il y eut à ce moment une folie du fer, une apothéose du boulon et du rivet dont la Tour Eiffel dresse la géante caricature; symbole de non beauté et de laideur inutile, accumulée avec des éléments utiles, Babel, non pas de l'ingénieur qui cherche tout de même une certaine beauté à ses courbes, en calculant leurs strictes utilités, mais Babel du constructeur, de l'ajusteur qui sans motif et

sans profit coordonne les unes aux autres
beaucoup de pièces, et reste satisfait devant
leur rigide amoncellement.

Cet art sans beauté, ou plutôt cette cons-
tructivité uniquement matérielle, nous a
donné les désolantes gares, et ces bâtiments
administratifs qui semblent aménagés en d'é-
normes pas perdus. Un autre style doit naître
des architectes. Tendra-t-il vers l'énorme,
comme les bâtiments américains? Dans certaines villes, pas dans toutes.

Ces bâtiments immenses, ces tours habitées, compréhensibles, admises dans le centre
d'un New York, d'un Chicago, d'un Londres,
rencontrent à Paris une opposition dans les
mœurs. Ces tours correspondent sans doute
en Amérique à une nécessité, mais aussi à
une forfanterie de villes écloses rapidement
du sol, et voulant le bosseler de flèches,
comme le vieux monde n'en connaît pas. Mais
sans nul doute Paris les aurait bientôt con-
nues, si deux nouveaux facteurs n'étaient
entrés en jeu. D'abord les idées de désarme-
ment qui débarrasseront probablement bientôt Paris de sa ceinture de fossés et de talus

(si ce ne sont elles, ce seront les idées d'armement nouveau qui rendront ces défenses inutiles); puis les perfectionnements de la traction, chemins de fer souterrain, omnibus électriques, automobiles, cyclisme qui décident les habitants à déserter le centre et n'y venir que pour leurs affaires et à aller plus loin; la ville s'étend, elle n'aura donc pas besoin de s'exhausser. Au contraire, il semble qu'elle se rapprochera un peu des villes qui ont un centre à maisons très hautes, entourées de quartiers de cottages, telles Londres en grand, et en petit Bruxelles, ou toute grande ville de province.

Néanmoins on peut poser comme principe de la future architecture de Paris que le goût des petites maisons abritant une seule famille, disposant sa vie en trois étages étroits, ne s'y répandra pas. L'unité de Paris pour la vie d'une famille sera non point la maison mais l'appartement. Les Parisiens aiment à vivre de plein pied. Il est visible qu'une grande quantité d'hôtels des Champs-Élysées, se transforment en maisons de rapport. Il y a évidemment dans la vie de l'appartement, sur la vie de la maison une économie de temps et de forces.

L'architecture y perdra-t-elle? Probablement non, quand tout le monde sera persuadé de la nécessité de l'esthétique dans la vie. Actuellement l'hygiène est Dieu, le médecin, son prophète et l'architecte obéit à leurs prescriptions; on lui demande de la place et de l'air, et de l'eau à tous les étages. Heureusement pour l'esthétique que les éléments de disposition nécessitée par l'hygiène cadrent avec ceux qui la peuvent produire et que l'on peut faire du beau et de l'agréable avec de larges verrières claires, des pièces hautes, des dégagements spacieux.

Ici même l'hygiène contribuera à un développement du style obtenu par la maison de rapport divisée en appartements, qui s'ils obtiennent du jour de partout seront supérieurs à la petite maison, encastrée dans une rue, composée à chaque étage de deux pièces d'enfilade dont l'une ne reçoit de clarté que par la première ou la courette, comme l'installent, fidèles aux mœurs de leur pays, les architectes brabançons.

Donc la rue probable, se composera de larges pans de façades, concordant entre elles, car les compagnies qui construisent à leurs frais des rues nouvelles pourront adopter un mode de construction apparente qui érige une façade agréable et symétrique pour tout un îlot de maisons, au lieu de juxtaposer des façades semblables pour chaque corps de bâtiment. Les façades seront claires, polychromes par le choix des matériaux, sans doute aussi par des frises qui en rehausseront d'élégance la façade solide terminée à chaque extrémité par des campaniles ou coupoles, ou pavillon d'autre disposition qui rompront agréablement la monotonie. La nécessité de l'air, amènera sans doute malgré le prix du terrain à l'aménagement d'un jardin central, à moins que, suivant une toute récente indication, les terrasses arborescentes se multiplient. Si les églises se font plus rares (elles n'apportent d'ailleurs pas de style nouveau et ne luttent avec rien du style gothique), l'architecture aura lieu de donner des gares d'un modèle neuf et orné ; de plus les maisons du peuple, les maisons corporatives, les pavillons d'accès au sous-sol de Paris, nécessiteront autant de bâtiments nouveaux dont la forme n'est pas trouvée.

Évidemment, dans notre civilisation démocratique, et qui le demeurera, quelque aspect contraire qu'en fournissent des réactions momentanées, les deux principaux motifs de l'architecture ont disparu : l'Église et le Palais. Mais cette civilisation nouvelle demandera au lieu et place, d'abord des logis commodes, et esthétiques pour tous et surtout deux sortes de monuments à créer qui sont les maisons du Peuple et les Théâtres populaires.

Il est probable que la vie municipale, la vie électorale, tous les modes consultatifs de la vie publique, vont s'accroître d'importance et que les contacts politiques des citoyens seront plus nombreux. La bourgeoisie s'abstient aux élections et ceux qui ne s'abstiennent pas se bornent à un vote régulier tous les quatre ans, pour choisir un mandataire et ne se réunissent plus qu'en des comités peu nombreux de délégués. Au contraire, on voit que le quatrième État est perpétuellement en contact avec lui-même par ses réunions de syndicats, par les conférences, où il écoute ses orateurs, par la surveillance complète qu'il exerce sur ses élus, par ses congrès. Vienne une période nouvelle, où cette agitation intérieure du prolétariat qui tient de la bourgeoisie, actuellement, l'habitude du mandat confié, mais qui peut-être bientôt voudra qu'on lui parle plus souvent de l'exercice de ce mandat, s'augmentera, on verra renaître, non pas les clubs révolutionnaires mais des réunions de tous les soirs. Les réunions existent déjà, elles ont lieu dans des endroits délabrés, des salles de bal, de simples locaux, hangars politiques, salles d'attente des idées sociales. Il est évident que la période de trouble passée, où l'on craindrait de mettre des éléments esthétiques à la disposition de deux éléments politiques, se les jetant contradictoirement à la tête, on tiendra à donner au peuple par arrondissement ou district un monument où il puisse parler de ses affaires, écouter ses mandataires, les candidats à sa bienveillance, ceux qui voudront mettre à sa disposition la synthèse d'un travail sur un point donné de science ou d'esthétique ; bref il faudra un asile pour la délibération et pour la conférence, il faudra un hall

énorme, et ce hall devra contenir des tréteaux
pour y jouer la comédie, y exécuter des œuvres
musicales ; ce hall aura besoin d'un fumoir ; il
faudra auprès, aménager la bibliothèque,
l'embryon du Musée qui doit être à la portée
de tous, et pour tout cela et pour la façade ap-
propriée, qui doit traduire l'idée de la maison
de tous, ornée, du chez soi général de tous,
du chez soi de la vie mentale, il faudra trouver
des lignes qui ne soient ni celles de l'église,
ni celles du palais. Comment se résoudra le
problème de cette construction nouvelle, avec
ses proportions nécessaires, la fresque future
qui y est indispensable, l'ornementation différente ? Sans doute par des tâtonnements et
par l'édification occasionnelle et en petit de
monuments exécutés par les syndicats et les
groupements naissants.

De même que l'art de l'affiche retrouvant les
principes de la décoration, indique ce que
pourront être les joyeuses féeries des murailles, les recherches nouvelles des architectes ébranchant de leur mieux l'ornement
parasite, se mettant à étudier, non plus les
cahiers de modèles où l'on exhibe le dorique

et le corinthien, mais le schéma des plantes et les ressources ornementales du mouvement de la branche et de la fleur, attentifs à l'immense arabesque naturelle, peuvent indiquer les lignes premières de cet art. La décoration mobile de la rue peut être donnée par ces spectacles gratuits de la publicité qui se développent de plus en plus. Un état social perfectionné peut détruire la publicité, mais en garder l'idée amusante d'ombres polychromes pour amuser les passants, ceux qui n'iront ce soir-là ni au Club-Social, ni au Théâtre populaire. C'est peut-être la forme dernière du journal illustré, se présentant au regard sous la forme de vignettes coloriées, à moins que développant et mettant au fronton des maisons, sur la rue, cette habitude très répandue déjà en Allemagne, d'instruire par l'image, on ne songe à inculquer ainsi au passant une foule de notions faciles, sans lui demander de travail et à lui faire passer, s'il s'arrête un instant, le panorama de quelques coins du monde, bien distants de la boue ou de la poussière chaude où il est.

Ce ne sont point rêves d'âge d'or, l'avenir

ne réservant aucune indication que se réalise ce qui fut une légende menteuse du passé ; mais l'adoption nécessaire de la journée de huit heures créera évidemment pour la masse un nombre d'heures libres et la rue en sera plus peuplée de badauds, ou de gens qui iront y chercher de la distraction et, dans la vie sociale qui se prépare, il faudra la leur fournir.

Les fêtes et les cortèges qui sillonneront ces rues de l'avenir, seront d'un ordre élevé ; je ne crois point que suivant une esthétique un peu niaise, maintenant à la mode, il s'agisse de grandir banalement et d'exalter par des odes, les idées premières du travail. Il serait fâcheux qu'un développement d'art soit noyé dans des sentimentalités à la Bernardin de Saint-Pierre, et qu'au lieu par exemple des beaux reliefs de Meunier on voie s'élever dans la pierre ou le bronze des cabotins à geste auguste ridiculisant l'effort dont ils seront le symbole. Il est probable d'ailleurs que l'artisan habitué de plus en plus à compter avec et sur sa machine ne saurait aucun gré à ceux qui voudront le généraliser au moyen d'un art et d'une poésie de café-concert. Au contraire le loisir donnant le droit à de la vie intérieure il est à croire que, dans un décor sobre et clair, des gens un peu septentrionalisés de coutumes et de costumes, anti-déclamateurs, cherchant dans leurs manifestations, dans tous les objets qui les entoureront un cachet d'élégante utilité, parleront de sujets élevés, avec le moins de rhétorique possible et qu'ils voudront autour d'eux à côté d'une littérature d'idée un art de sobriété sans boursouflures et sans emphase.

TABLE

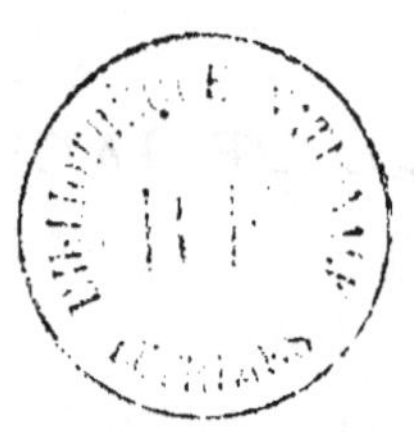